U0814378

新时期大学生思想政治教育

主　编：丁晓鹃　赵　亮
副主编：朱丽杰　李　政

中国人事出版社
中国劳动社会保障出版社

图书在版编目(CIP)数据

新时期大学生思想政治教育/丁晓鹏，赵亮主编. —北京：中国人事出版社：中国劳动社会保障出版社，2016

ISBN 978-7-5129-1140-6

Ⅰ.①新… Ⅱ.①丁… ②赵… Ⅲ.①大学生-思想政治教育-研究-中国 Ⅳ.①G641

中国版本图书馆 CIP 数据核字(2016)第 285272 号

中国人事出版社
中国劳动社会保障出版社 **出版发行**

（北京市惠新东街 1 号　邮政编码：100029）

*

北京隆昌伟业印刷有限公司印刷装订　新华书店经销

787 毫米×1092 毫米　16 开本　11 印张　164 千字

2016 年 12 月第 1 版　2016 年 12 月第 1 次印刷

定价：32.00 元

读者服务部电话：(010) 64929211/64921644/84626437

营销部电话：(010) 64961894

出版社网址：http://www.class.com.cn

版权专有　侵权必究

如有印装差错，请与本社联系调换：(010) 50948191

我社将与版权执法机关配合，大力打击盗印、销售和使用盗版图书活动，敬请广大读者协助举报，经查实将给予举报者奖励。

举报电话：(010) 64954652

前言

大学生思想政治教育是高校意识形态工作的中心环节，也是中国特色社会主义伟大事业培养合格人才的重要保障。新中国成立以来，特别是改革开放新时期以来，党和国家始终高度重视大学生思想政治教育工作，不断推进这项工作的改革创新。当前，世情国情的持续深刻变化，国家经济社会各方面事业的持续快速发展，对进一步推动我们的大学生思想政治教育工作来说，既提供了新的机遇，也提出了新的挑战。

为此，我们组织编写了这本《新时期大学生思想政治教育》，全书共分五章，重点讨论了大学生思想政治教育工作的历史沿革，当前进一步推动大学生思想政治教育工作改革创新的总体思路和主要方法，以及如何更好地发挥团组织、学生会和新媒体在大学生思想政治教育工作中的重要作用等几个问题。

本书资料翔实，论证充分，既有严谨、前沿的理论论述，也有新颖、完备的实践方案，可成为高校思想政治工作的得力“助手”。另一方面，因时间、篇幅和编写组织的能力水平所限，书中难免会出现这样或那样的纰漏和不足，在此敬请各位同行专家不吝指正。

目 录

第三章 充分发挥团组织的重要作用

第四章 发挥学生会的作用

导论

一、大学生思想政治教育工作的现状及重要性

大学生思想政治教育工作是高校宣传思想工作的重要组成部分，也是立足整个国家加强青年意识形态建设的首要环节。新中国成立以来，党和国家始终高度重视加强大学生思想政治教育工作，尤其是改革开放以来，我国大学生思想政治教育工作不断发展创新，构建起了加强大学生思想政治教育工作的新格局。在这个格局中，马克思主义理论特别是思想政治教育专业和学科的建设，为整个大学生思想政治教育工作的发展提供了坚实的理论根基。以高校思想政治理论课程建设为主要标志的大学生马克思主义理论教育，以及以大学生马克思主义世界观、方法论教育为灵魂的社会实践，共同构成了当前大学生思想政治教育工作建设的主要载体。与此同时，以共青团系统和其他青年工作相关组织为主要载体，共同构建起了大学生思想政治教育工作的复合体系。大学生思想政治教育工作基本格局的建立健全，为当前和今后大学生思想政治教育工作的继续改革创新打下了坚实根基。

然而就现时来看，大学生思想政治教育工作仍面临着很多挑战。一方面，当前青年大学生群体中仍存在着很多错误、消极的价值取向。个人主义、享乐主义等价值取向在青年大学生中有很大市场。一些青年大学生受不良社会风气影响，在学习生活中“利”字当先；还有的青年大学生不思进取，贪图享乐；更有些青年大学生将个人发展进步与国家民族的整体命运割裂甚至对立起来。就目前来看，极端主义思想也在青年大学生中蔓延开来，对大学生理性看待自身与社会的关系构成严重阻碍。有的大学生不能正确看

待社会生活中一些问题的存在和自身的失败挫折，怨天尤人，滋生消极思想，抑或醉心于各种“潜规则”之中。有的大学生不能历史地看待国家民族的发展进步，并客观认识实现民族复兴任务的艰巨性，“言必称西方”，缺乏为国家民族发展进步贡献力量的决心和责任感。还有的大学生极端地认知行业和地区差距，产生族群和地域歧视思想。此外，“神秘主义”思想的蔓延传播也在青年大学生群体中有愈演愈烈之势。有的大学生不是把自己的发展进步依托于脚踏实地的奋斗，而是寄希望于占卜算命。有的大学生则热衷于“占星术”，时时依靠所谓“星运”指数来做出各项言行决策。

另一方面，当前大学生群体中政治信仰危机问题也有愈加严重之势。一些大学生轻视甚至抵触接受马克思主义理论教育和思想政治教育，对待思想政治理论课程高呼“60 分万岁”，甚至认为应当取消这些课程。有的大学生质疑甚至否定马克思主义理论的科学性，对坚持马克思主义世界观、方法论对自身学习生活的根本指导作用不以为然、嗤之以鼻。更值得注意的是，一些大学生受到西方所谓“普世价值”的影响，向往“西方民主”，缺乏中国特色社会主义的理论自信、道路自信和制度自信。

我们常说，青少年是共产主义事业的接班人。中国特色社会主义事业的不断发展壮大，中华民族伟大复兴“中国梦”的实现，都有赖于一代又一代青年人的贡献和共同努力。大学生是国家人才队伍建设的重要组成部分，大学生队伍肩负着为国家经济社会各方面建设贡献人才的重大使命。现时青年大学生群体中存在的价值取向乱象和政治信仰危机，不仅严重影响到青年大学生的健康成长和科学成才，更危及国家的政治社会稳定。特别是青年大学生政治信仰危机问题，如果不尽力解决，那么即便培养出了顶尖的专业人才，也只不过是为他人“作嫁衣”而已。凡此种种都决定，我们必须认真分析和科学认知现时大学生思想政治教育工作特别是马克思主义理论教育和实践工作所面临的严峻挑战，以改革创新精神推进大学生思想政治教育工作。

二、本书的研究方法和思路

应当看到，现时大学生思想政治教育工作之所以面临诸如上述种种严峻挑战，既有深刻的历史原因和现实原因，也有大学生思想政治教育工作自身不足的原因。众所周知，改革开放以来，我们思想政治教育专业和学科建设快速建立和发展起来。与此同时，青年群体思想道德修养滑坡和政治信仰危机的情况也日益严重。这些问题的出现有着复杂多样的历史和现实原因，但仍值得我们反思的是：为什么我们思想政治教育专业和学科建设的快速发展没能足够回应和解决这些问题呢？再者，我们的大学生思想政治理论课程教学工作长期存在着话语体系乃至教学材料的陈旧和僵化问题，给学生一种教条和道德灌输的感觉，这样岂能起到引导大学生树立正确人生观、世界观的作用呢？此外，现在一些高校普遍存在着团学工作流于形式抑或功能作用异化的问题，更值得注意的是，以新媒体为代表的互联网信息交互手段的快速普及，使得网络世界已经成为影响大学生思想认识发展的重要载体，但对于如何将互联网信息交互平台与马克思主义理论和思想政治教育紧密结合，我们需要进一步探索经验。这些问题不解决，我们就无力真正应对当前大学生思想政治教育工作所面临的困境和挑战。

因此，当前要推进大学生思想政治教育工作的改革创新，与其说是要“撤、并”或平添什么新的工作部门和成员，不如说是首先要更加彻底和深刻地反思我们长期以来，在大学生思想政治教育工作中所存在的问题。这个问题归结起来就是对青年大学生精神世界观照的偏狭和片面。应当看到，在中华民族内忧外患的20世纪之初走入国人视野的马克思主义特别是历史唯物主义，之所以能够为国人所接受，主要在于其中所揭示的历史发展的必然规律。然而，历史唯物主义之所以是有关人类社会历史发展的科学，绝不仅仅在于它揭示了革命的逻辑，而在于它全面而彻底揭示了人类一切思想活动的内在逻辑。对此问题，我们在新中国成立后乃至改革开放以来很长一个时期内，都还没有足够全面和彻底的认识。正因为如此，自20世纪90年代开始，中国的马克思主义哲学界迎来了向人的生活世界关注的华丽转身。应当说，这绝不是中国的马克思主义哲学界的某种发明，而是向马克思主义的回归。换言之，关注人的整个生活世界特别是精神世界，是马克思主义中原有之义，只是我们长期以来没有对这个问题引起足够重视。正是马克思主义的生活世界理论科学地揭示，所谓文化绝不单纯指向人机械地反映实践或经济基础的某种精神产品，更不是我们惯常所说的科学研究或文艺产品生产，而是指向人较为固定和习惯性的所有思想和生活方式，更确切地说，它是指向人的整个精神世界和所有价值活动。正是从此意义上说，我们的大学生思想政治教育工作如果不能全面和彻底地观照和指导青年大学生的整个精神世界，进而言之，如果不能依照历史唯物主义去发现、观照和批判一切影响青年大学生思想认识乃至行为习惯的因素，则我们的大学生思想政治教育工作就不可能完全完成引导他们自觉树立马克思主义世界观和方法论的使命。

反观我们长期以来的思想政治教育专业和学科建设、大学生思想政治理论教育课程教学、社会实践以及团学工作建设，看似在持续不断地对大学生施加思想影响，但就大学生的整体精神世界建构来说，我们所关注的点仍然太少。而相比现在互联网世界对大学生的全面和普遍影响，我们所关注的点甚至有趋于次要之嫌。为此，我们必须深入到文化哲学的层面，围绕观照和指导青年大学生的整个精神世界，来创新我们的思想政治教育，研究生长点和各种工作方法，这才是我们改革创新大学生思想政治教育工作的应有思路。

本书拟基于马克思主义生活世界理论，亦即拟基于文化哲学的视角，深刻反思我们当前乃至长期以来大学生思想政治教育工作所存在的主要问题，更为彻底地围绕社会主义核心价值观之于青年大学生的入脑、入心和化于行，改革探索大学生思想政治理论课程教学方式和社会实践方式，改革探索共青团建设、学生会建设的工作方式，并更为注重改革探索如何从互联网世界对青年大学生整个精神世界构建的影响意义上，构建加强互联网信息文化建设的合力机制。

第一章

大学生思想政治教育工作的历史沿革

第一节　社会主义革命和建设时期的大学生思想政治教育工作

一、大学生思想政治教育制度的创建

我国的大学生思想政治教育制度是伴随着新中国的成立而逐步建立起来的。新中国成立后，按照《共同纲领》关于“有计划有步骤地改造旧的教育制度、教育内容和教学法”“以提高人民文化水平，培养国家建设人才，肃清封建的、买办的、法西斯主义的思想，发展为人民服务的思想为主要任务”[①] 的明确要求，新中国的大学生思想政治教育制度逐步建立起来。这些制度直到今天仍然是我们大学生思想政治教育工作的坚实根基，主要包括政治理论课制度和思想政治辅导员制度两个方面。

政治理论课制度方面。1949 年 10 月 11 日，华北高等教育委员会率先颁布《各大学、专科学校、文法学院各系课程暂行规定》，宣布把“辩证唯物主义与历史唯物主义”“新民主主义论”“政治经济学”列为高校的公共必

---

① 中共中央文献研究室. 建国以来重要文献选编：第一册［M］. 北京：中央文献出版社，1992：11.

修课。同年11月，教育部在华北19所高校负责人会议上明确指出，高校课程改革的中心是加强政治课学习，从而确立了政治理论课在高校思想政治教育中的重要地位。[①] 1950年夏，教育部召开“全国高等学校政治课教学讨论会”。同年，政务院和教育部先后颁布《关于实施高等学校课程改革的决定》（1950年8月2日）、《关于高等学校政治课教学方针、组织与方法的几项原则》（1950年10月4日），规定了高校思想政治教育的方针、重点和注意事项。其中政治课教学的六项规定是：第一，逐渐提高学生的思想觉悟，反对急于求成。第二，成立政治课教学委员会。第三，贯彻群众路线的教学法。第四，启发学生分析、研究问题，使学习成为改造思想的武器。第五，采用自学和集体讨论的学习方法。第六，配合生产劳动和社会活动，使感性认识与理性认识相印证，取得巩固提高的效果。[②] 根据这些规定成立的由全体政治课教师和学生代表组成的政治课教学委员会，作为政治课教学的领导机构，主要职责是负责讨论、制定和实施教学计划和教学大纲；研究和检查教学内容和教学方法；汇集教学中提出的问题加以系统研究；领导和组织学生进行自学及讨论，并考核其成绩。

1952年10月7日，教育部在总结新中国成立三年来高校政治理论课教学经验的基础上，下发了《关于全国高等学校马克思列宁主义、毛泽东思想课程的指示》（以下简称《指示》），进一步规定了各类院校和不同专业开设马列主义政治理论课的具体要求。根据规定，综合性大学及财经、艺术院校自1952年度起，从大学一年级到大学三年级依次分别开设“新民主主义论”“政治经济学”和“辩证唯物论与历史唯物论”。工、农、医等专门学校，从大学一年级到大学二年级分别开设“新民主主义论”和“政治经济学”。各类高等院校和专修科准备自1953年起开设“马列主义基础课”。《指示》对于高等院校政治理论课程科目、内容、学时、教学原则与学习方法的制定与

---

① 王炎．新中国思想政治工作制度史［M］．哈尔滨：黑龙江人民出版社，2007：50.

② 普通高校思想政治教育课程文献选编（1949—2003）［M］．北京：中国人民大学出版社，2003：6-7.

探索，奠定了新中国高校政治理论课教学体系的雏形。[①]

思想政治辅导员方面。1952 年 9 月 2 日，中共中央转发教育部党组《关于在高等学校试行政治工作制度的报告》，决定在有条件的高等学校设立政治辅导处，配备政治辅导员，开展师生员工的思想政治教育，并逐步在全国高校推广普及。政治辅导处的任务是：第一，指导全体教职员工的政治理论学习。第二，协助教务处指导政治理论课程的教学。第三，指导全校教职员工和大学生的社会活动。第四，掌握教职员工和大学生的政治思想状况，管理教职员工和大学生的个人历史、政治材料，主持毕业生的分配工作，参与教职员工的聘任、升迁、奖惩等工作。政治辅导处设主任一人、辅导员若干人，在校长领导下进行工作。主任一职应挑选政治理论水平较高、实践经验较丰富的党员担任；在干部缺乏的情况下，应由党员副校长或党员教务长兼任，另设一名副主任协助工作。政治辅导处正、副主任中至少应有一人为学校党委或总支书记，以便从党和行政两个方面统一领导校内的各项政治工作，他们在行政上应参加校委会及教务会议，并担任教师政治理论学习组织（学习委员会）的领导职务。

政治辅导员应挑选教师、学生中的优秀党员、团员担任，平均每 300 名左右的学生应设政治辅导员一人，主要任务是在政治辅导处主任领导下辅导一系或几系的学生政治学习和社会活动，组织推动教职员工的政治理论学习和社会活动。政治辅导员应尽可能参加学校党、团支部的领导工作，兼任政治理论课助教，以便逐渐培养成为学校工作中的骨干和政治理论教员。政治辅导处与辅导员制度的设立，标志着在党领导下以政治辅导处和辅导员为专职政工机构和人员的学校思想政治教育工作制度的全面建立。1954 年 10 月 8 日，根据中共中央宣传部通知，撤销了政治辅导处，但政治（思想）辅导员制度则一直保留至今，成为高校基层负责学生思想政治工作的中坚力量。

二、大学生思想政治教育工作的良好开局

大学生思想政治教育制度的基本确立，促进了大学生思想政治教育工作

---

① 王炎. 新中国思想政治工作制度史［M］. 哈尔滨：黑龙江人民出版社，2007：51.

的蓬勃开展。在社会主义改造时期，大学生思想政治教育工作为在高校学生中宣传马克思列宁主义和毛泽东思想，增强青年大学生的政治理论修养，凝聚青年大学生拥护和参与社会主义改造的积极性发挥了不可替代的重要作用。

从1953年9月至1954年11月，在教育部召开的一系列高校专业会议上都十分明确地提出，各类高校都要特别加强马克思列宁主义（以下简称马列主义）教育和政治思想领导，为国家培养具有一定马列主义理论和专业知识的人才。伴随大规模经济建设和社会主义改造的深入推进，党和国家对加强大学生马列主义教育的现实意义有了更加深刻的认识，推动了国家对高校政治理论课程的进一步探索和调整，使高校马列主义政治理论课课程体系初步形成。

1953年6月17日，教育部发出《关于改“新民主主义论”为“中国革命史”及“中国革命史”的教学目的和重点的通知》，决定从1953年秋开始，将高校大学一年级开设的“新民主主义论”改为“中国革命史”。1954年，教育部在结合各类学校特点的基础上，对高校政治理论课程再次进行了调整，决定从1954—1955学年起，在一些专修科停设“马列主义基础”，改设“社会主义经济建设”，使学生较系统深入地理解我国过渡时期的总路线、总任务，了解苏联社会主义国家工业化、农业合作化和完成社会主义建设的基本规律，加强大学生学习苏联、学习政治理论、学习时事政策的自觉性，提高学生的社会主义觉悟。同时还规定“社会主义经济建设”的总学时数为50至70学时，其中课堂讨论时数应不少于讲课时数的三分之一。

为增强政治理论课程教学的实效性，克服学生负担过重现象，培养学生独立思考能力，高等教育部于1956年9月9日发出《关于高等学校政治理论课程的规定（试行方案）》。《规定》首先对“马列主义基础”“中国革命史”“政治经济学”和“辩证唯物主义与历史唯物主义”四门政治理论课在各系开设的门数和学时数作出规定，而后对开课的顺序、讲授与课堂讨论的学时比例和考试考查方式进行了阐释。对于专科学校和高等学校专修科的政治理论课设置，《规定》提出，所有二年制专修科只开“中国革命史”，三年制专修科除开设“中国革命史”外，学校还可根据专业性质开设“马列主义基础”“政治经济学”或“辩证唯物主义与历史唯物主义”。这一方案做出的相关规定明确了专业课和政治理论课之间的关系，为高校大学生思想政治理论教育与专业教育密切结合、互相促进打下了坚实基础。

历史事实证明，新中国成立初期的大学生思想政治教育工作已经开始密切注意理论联系实际问题。在社会主义革命和建设的实践中，高等学校很好地贯彻了这一原则，将政治理论课教学与镇压反革命、抗美援朝及社会主义改造等运动结合起来，取得了显著的成绩。1955 年，时任高等教育部副部长的刘子载在一次讲话中提出，教师必须用创造性的方法进行教学，一方面要注意正确地、适当地启发和引导学生联系自己的思想实际，批判和检查自己的错误观点和思想方法，树立正确的世界观和人生观；另一方面要注意引导和帮助学生能够恰当地、逐步深入联系生产建设的实际、阶级斗争的实际，加深学生对所学知识的理解。同时还要有计划地组织学生参观工厂、国营农场等，以达到提高政治理论课的教学效果的目的。[①]

总体来说，尽管新中国成立初期的大学生思想政治教育工作在制度体系建设方面仍显稚嫩，特别是没有形成综合全面的思想政治教育工作格局（例如尽管已建立起思想政治辅导员制度，但实际上大学生思想政治教育工作的开展仍基本依托思想政治理论课程教学来进行），但这一时期工作的开展仍然取得了令人瞩目的成绩，更展现了中国共产党高度重视青年意识形态工作的巨大决心，为以后特别是新时期以来大学生思想政治教育工作的创新发展奠定了坚实根基。然而，在这样一个良好的开局之下，由于 1957 年以后党在意识形态乃至各项工作中都开始逐渐出现“左”倾错误，对大学生思想政治教育工作的发展造成了严重的阻碍和损害，致使在随后很长一段时期内大学生思想政治教育工作都不得不在曲折中艰难地发展。

三、大学生思想政治教育工作的漫长曲折发展历程

伴随社会主义改造的顺利完成以及社会主义基本经济、政治和社会制度的建立，如何加强社会主义思想政治教育就成了紧迫而重要的任务。在此背景下，中央提出了加强对知识分子和青年学生的思想改造的重要任务，大学生思想政治教育工作愈发紧密地与党的政治路线和社会政治形势的发展结合

---

① 张雷声，郑吉伟，李玉峰．新中国思想理论教育史［M］．北京：高等教育出版社，2005：50.

起来。

在1956年1月召开的知识分子问题会议上，毛泽东号召全国人民努力学习科学知识，为赶上世界先进水平而奋斗。这一号召得到全国上下的积极响应，掀起了向科学进军的热潮。但是，也有一部分青年没有完全正确地认识这一思想，出现了忽视政治上的进步、“一心只读业务书”的现象。针对该问题，从1957年9月起，“红专”辩论在广大知识分子和高等学校广泛展开。在辩论的过程中，通过对“先专后红”“只专不红”“红专不可兼得论”等观点的深入剖析，不仅揭示而且有力批判了这些错误思想产生的根源——资产阶级个人主义思想，而且对广大知识分子进行了一场马克思主义人生观的教育。

为了提高学生的社会主义觉悟，高等院校还专门开设了社会主义思想教育课程。1959年12月，教育部下发《关于在高等学校开设社会主义教育课程的指示》（以下简称《课程指示》），提出要在全国高校普遍开设“社会主义教育”课程，全体学生和研究生必须无例外地参加学习。在学习的内容和方法上，《课程指示》规定要以毛泽东的《关于正确处理人民内部矛盾的问题》为中心教材，同时阅读一些必要的马克思列宁主义经典著作、党的文件和其他文件。《课程指示》要求，在进行教学和辅导时，必须联系学生思想实际，用工人阶级思想批判资产阶级思想和小资产阶级思想，用马列主义的立场、观点和方法克服非马列主义的立场、观点和方法。依据《课程指示》要求，在开设“社会主义教育”课程的同时，高校原来开设的各门政治理论课程全部停止。高等学校“社会主义教育”课程的设立，对青年学生思想政治觉悟的提高有着极为重要的作用，但在某种程度上也削弱了对马克思列宁主义理论的系统学习，导致出现学生马克思列宁主义基础理论知识比较贫乏的现象。[①]

针对上述问题，加之伴随党和国家政治形势发展中出现的一些新变化，党和国家相关部门开始着手对高校思想政治教育工作进行纠“左”和调整。1961年9月15日，中共中央批准颁发《教育部直属高等学校暂行工作条

① 张雷声，郑吉伟，李玉峰. 新中国思想理论教育史［M］. 北京：高等教育出版社，2005：66.

例》（简称《高校六十条》），明确了高等学校思想政治工作制度。①

《高校六十条》明确规定，高等学校的基本任务，是贯彻执行教育为无产阶级的政治服务、教育与生产劳动相结合的方针，培养社会主义建设所需要的各种专门人才。高等学校学生的培养目标是：具有爱国主义和国际主义精神，具有共产主义道德品质，拥护共产党的领导，拥护社会主义，愿为社会主义事业服务、为人民服务，通过马列主义、毛泽东思想的学习和一定的生产劳动、实际工作的锻炼，逐步树立无产阶级的阶级观点、劳动观点、群众观点、辩证唯物主义观点。

关于高等学校思想政治工作的领导体制和主要任务，《高校六十条》明确规定，高校实行党委领导下的校长为首的校务委员会负责制。高等学校的党委会负责贯彻执行党的教育方针和其他各项方针政策；完成上级党委和行政领导机关布置的任务；做好思想政治工作；进行党的建设；领导共青团、工会、学生会和其他群众组织，团结全校师生员工。思想政治工作的主要任务是：在全校师生员工中宣传马列主义、毛泽东思想，宣传党的路线和各项方针政策，不断提高他们的思想政治觉悟和道德品质；团结全校师生员工，充分调动他们的积极性，贯彻执行党的教育方针，保证学校的教学工作和其他各项工作的完成。

关于高等学校思想政治工作的目的要求和方针政策，《高校六十条》规定，一切思想政治工作，都必须有利于形成又有集中又有民主、又有纪律又有自由、又有统一意志又有个人心情舒畅、生动活泼的政治局面；在思想政治工作中，必须遵循毛泽东同志关于正确处理人民内部矛盾的理论，严格区分敌我矛盾和人民内部矛盾，凡属人民内部矛盾的问题，都必须根据“团结—批评—团结”的原则，采取民主的方法、和风细雨的方法、自我教育的方法来解决，不能采取简单粗暴、强制压服的方法，不容许用敌我斗争的方法；必须正确处理红与专的关系，高等学校师生的红，不但应该表现在政治思想方面，而且应该表现在教学和学习的实际行动中。世界观的改造是一个长期的、逐步实现的自我改造的过程，应该耐心地做工作，不能操之过急，

① 中央文献研究室．建国以来重要文献选编（第十四册）［M］．北京：中央文献出版社，1992：576-607.

对于不同的人，不能一律要求；必须对青年加强艰苦奋斗教育；必须深入细致，讲求实效，反对形式主义，结合教学、生产劳动的群众生活的各个方面以及各类人员的实际情况和特点进行。

关于高校各级党组织在思想政治工作中的作用和要求，《高校六十条》规定，应在教师、职工和学生中分别建立党支部。教职工党支部的主要任务是做好思想政治工作和党的建设工作，教育党员模范地完成自己的工作任务，团结教育本单位全体人员，保证各项工作任务的完成。学生党支部的主要任务是做好思想政治工作和党的建设工作，教育党员以自己的模范行动，影响和带动同学完成学习任务。《高校六十条》要求，高校党组织一定要改进领导作风和领导方法，下决心摆脱行政事务工作，腾出手来，抓思想政治工作、党的建设工作、团结人的工作，深入到大学生和教职工中去，调查研究，了解情况，发现问题，同群众一道商量，提出解决问题的主张和方法，只有这样，才能真正加强党的领导。

《高校六十条》是高教战线纠“左”努力的集中体现。而在此之前，实际上纠“左”的努力已经开始。如从 1958 年年底开始，党中央和教育行政主管部门已对学校思想政治工作制度建设中存在的“左”的错误进行了部分纠正。又如 1959 年 4 月，教育部在北京举办的马列主义课程教师学习会上重新规定：高等学校公共必修的马列主义课程为“社会主义建设”“政治经济学”“哲学”中国共产党党史四门课（理、工、农、医院校为三门课）。社会主义教育课程即告结束。同年 6 月 17 日，中共中央又批转了共青团中央《关于对学生进行思想政治教育中的几个问题的报告》，对学校思想政治教育工作制度建设提出了具体的改进措施：第一，思想政治工作应当有利于教学工作的进行，有利于在学生中造成认真读书、刻苦钻研的风气。第二，经常地进行深入细致的思想政治工作，不能事事搞运动、天天搞运动。第三，善于运用各种思想工作阵地，多方面地对学生进行教育。第四，具体分析，区别对待。第五，坚持民主集中制原则，严格区分两类不同性质的矛盾，反对在学生中“拔白旗”，以及划分“下游分子”“辩论分子”等。

总之，以《高校六十条》为代表的一系列纠“左”努力，为高校思想政治工作的健康发展奠定了一定基础。然而随着国家政治形势的变化，高校思想政治工作的指导思想也开始发生变化。

按照1964年2月毛泽东同志在教育工作座谈会上关于改革学制、课程、方法等问题的讲话，以及同年7月提出的"阶级斗争是一门主课"等一系列"教育革命"思想，中央及有关职能部门对学校教育制度进行了一系列改革，主要措施包括：第一，改进招生制度，突出思想政治方面的要求，并招收一定数量的优秀知识青年、退伍士兵和在职干部。第二，改进课程设置，增设政治理论课，加强思想政治教育。1964年9月14日，中宣部、高教部党组、教育部临时党组《关于改进高等学校、中等学校政治理论课的意见》（以下简称《意见》）重新规定了政治理论课的任务、内容、方法。《意见》要求在高等学校开设"形势与任务""中国共产党党史""哲学""政治经济学"四门必修课和"毛泽东著作"选读课。在教学方法上，贯彻启发式，废除注入式。高校要采取启发报告、读书、讨论、总结或解答等教学步骤。第三，学生应参加生产劳动，在实际斗争中进行锻炼。《意见》强调："改造学生的思想，单靠政治理论课是不行的，必须同劳动锻炼、下乡下厂，同各项政治运动和经常性的党团工作、班级工作结合起来进行。"① 1964年9月11日，中共中央、国务院联合发出《关于组织高等学校文科师生参加社会主义教育运动的通知》，专门就师生参加运动的组织工作做出安排。同年10月28日至11月21日，高教部直属高等学校理工科教学工作会议将参加"四清"正式列入教育计划。1965年11月，中央政治局会议还提出大学生第一年先当半年兵的建议，组织学生赴部队参加军事训练。第四，在高校建立政治工作机构。1964年6月10日，中共中央批转高教部党组《关于加强高等学校政治工作和建立政治工作机构试点问题的报告》，决定中国共产党高教部党组改为党委制，直接领导直属高校的党委，并在高教部和直属高校设立政治部。高校政治部是校党委的工作机构。平均每100名学生至少配备一名专职政治工作干部。1965年3月1日，高教政治部通知各直属高校迅速建立政治部。9月28日，在各校试行《高等教育政治工作条例总则（草案）》等三个政治工作条例草案。第五，实行半工（耕）半读教育制度。中央先后做出《关于发展半工（耕）半读教育制度问题的批示》（1964年11月17

---

① 中央文献研究室. 建国以来重要文献选编（第十九册）[M]. 北京：中央文献出版社，1992：216.

日）和《关于半农半读教育工作的指示》（1965年7月14日），要求在全国推行两种劳动制度和两种教育制度，指出“这是努力促进文化革命，逐步消灭工农之间、城乡之间、脑力劳动和体力劳动之间的差别，防止资本主义复辟的大事情，必须引起全党重视”。[①]

“阶级斗争是一门主课”的提出，无疑为“文化大革命”大学生思想政治教育工作遭遇严重挫折埋下了伏笔。在此基础上，1966年《五七指示》进一步提出“学制要缩短，教育要革命，资产阶级统治我们学校的现象，再也不能继续下去了”的号召，从而形成了系统的“教育革命”理论。其基本内涵是：在教育领域打破“资产阶级知识分子统治”，建立“无产阶级全面专政”；用军事共产主义模式的“大学校”，来改造现代正规教育并进而改造现代社会；改造的重点是摧毁“脱离实际”的现代教育制度，强化阶级斗争实践与生产劳动实践，削弱文化教育以阻断新的“资产阶级知识分子”产生，培养亦工亦农、亦军亦文、能够批判资产阶级的新人，以教育作为缩小、消灭社会分工和三大差别的工具。[②] 在《五七指示》及其“教育革命理论”指导下，对教育战线实施的主要“革命”措施包括：第一，对原有招生、考试、教育、教学制度进行彻底改革，突出“为无产阶级政治服务”“为工农兵服务”与“三大革命实践斗争”相结合。第二，对高校师生进行短期军政训练。第三，工农兵“上、管、改”。

第二节　改革开放以来的大学生思想政治教育工作

一、大学生思想政治教育工作指导思想的拨乱反正

毫无疑问，粉碎“四人帮”和结束“文化大革命”是思想政治教育工作

---

① 中央文献研究室．建国以来重要文献选编（第二十册）［M］．北京：中央文献出版社，1992：310．

② 周全华．“文化大革命”中的“教育革命”［M］．广州：广东教育出版社，1999：52．

得以恢复和发展的根本前提。但更重要的是解放思想、实事求是思想路线的恢复和“以阶级斗争为纲”政治路线的结束。针对“文化大革命”结束初期“两个凡是”，以邓小平同志为代表的老一辈无产阶级革命家组织发起了以真理标准问题大讨论为主要标志的思想解放运动，开创了新时期思想政治教育工作的新纪元。①

正是在此背景下，从中央党校开始，全国党校系统率先进行了真理标准问题大讨论。邓小平同志旗帜鲜明地支持这场讨论，他指出：“一些同志天天讲毛泽东思想，却往往忘记、抛弃甚至反对毛泽东思想的实事求是、一切从实际出发、理论与实践相结合这样一个马克思主义的根本观点、根本方法”。② “我们一定要拨乱反正，打破精神枷锁，使我们的思想来个大解放。”③ 1978 年 11 月 10 日至 12 月 15 日，中共中央召开包括各省、市、自治区和各大军区以及党、政、军各部门和群众团体主要负责人共 200 余人参加的工作会议，与会者在陈云同志的带动下，充分发扬党内民主，畅所欲言，以实践为标准，对“文化大革命”遗留的若干重大历史问题和真理标准问题进行了长达 36 天的广泛讨论，初步统一了思想认识。在此基础上，1978 年 12 月 18 日至 22 日召开的中国共产党十一届三中全会以及会前举行的中央工作会议，从根本上冲破了长期以来“左”倾错误对思想路线的束缚，重新确立和发展了解放思想、实事求是的思想政治路线，恢复了党的思想政治教育的优良传统，实现了思想政治工作由长期以来为阶级斗争服务向为社会主义现代化建设服务的战略性转变，成为新中国成立以来，党的思想政治教育工作史上具有深远历史意义的伟大转折。④

十一届三中全会后，宣传思想战线先后召开了中央宣传系统所属单位领导干部会议（1978 年 12 月 31 日），全国宣传部长座谈会（1979 年 1 月 6 日至 11 日），党的理论工作务虚会（1979 年 1 月 18 日至 4 月 3 日），全国地、

---

① 王树荫，王炎．新中国思想政治教育史纲［M］．北京：人民出版社，2010：238.

② 邓小平．邓小平文选（第 2 卷）［M］．北京：人民出版社，1994：114.

③ 邓小平．邓小平文选（第 2 卷）［M］．北京：人民出版社，1994：119.

④ 王树荫，王炎．新中国思想政治教育史纲［M］．北京：人民出版社，2010：248.

县宣传工作座谈会（1979 年 12 月 4 日至 14 日）以及全国宣传工作会议（1980 年 7 月 10 日至 11 日）等一系列重要会议，着手从思想理论上系统清理“左”倾错误的影响，恢复党的思想政治工作的本来面目。在全面总结思想政治工作经验教训的基础上，中宣部于 1980 年 8 月 19 日报送了《关于三中全会以来的宣传工作向中央的汇报提纲》（以下简称《提纲》），提出了对新时期思想政治工作建设具有制度性要求的一系列重大方针政策。同年 9 月 19 日，中共中央批转了这一文件。1981 年 1 月 29 日，中共中央又做出《关于当前报刊新闻广播宣传方针的决定》，主要内容包括：

（1）全面估计和正确判断思想政治战线的形势。新时期历史性转折和思想解放的潮流，促进了社会思想的空前活跃，也充分暴露了思想政治战线存在的各种复杂矛盾和社会心理状态。先进与落后，革新与保守，正确与错误之间的斗争交织并存。既有以僵化保守思想和教条主义为代表的“左”倾错误的继续影响，又有以解放思想为名全盘否定“四项基本原则”的“右”倾社会思潮的滋长，还有封建主义思想影响的广泛存在。对此，《提纲》要求全面估计和正确判断思想政治战线的形势，指出党的十一届三中全会以后思想政治战线取得的巨大成绩和社会政治生活领域积极健康的因素是主导的方面。“这种局势正继续向前发展。看不到这个大局，或对它估计不足，都不符合实际，是错误的。”① 而当前思想领域存在的各种各样的矛盾，归根结底，“是坚持以四化建设为中心的党的总路线，还是怀疑和抵制这条路线的矛盾”。② 因此，一方面，我们要正确开展党内两条战线的思想斗争，反对“左”“右”两种错误倾向的干扰。一定要具体问题具体分析、具体对待。一个地区、一个部门有哪种错误思潮，就注意哪种错误思潮；哪种错误思想是主要的，就着重克服哪种错误思想。这一论断从根本上扭转了以往党内斗争中重“右”轻“左”、宁“左”勿“右”，一种倾向掩盖另一种倾向的片面性错误，为党在十四大确立社会主义初级阶段中“要警惕‘右’，但主要是防止‘左’的共识提出了思想先导”。另一方面，我们要正确认识和处理意识形态领域两类不同性质的矛盾。《提纲》指出，意识形态领域存在的矛盾大

---

①② 党的宣传工作会议概况和文献（1951—1992）[M]. 北京：中共中央党校出版社，1994：377.

多已不具有阶级斗争性质，但与各种敌对思想之间的斗争还会长期存在。因此，当前的主要问题在于教育和学习，而不适宜在全国范围内号召开展反对某种敌对思想，或者反对“左”和“右”倾的运动。对于人民群众主要是引导他们解决对马列主义、毛泽东思想和对社会主义的认识问题，解决对国家、集体、个人三者利益的正确结合问题；对国家工作人员来说，主要是解决密切联系群众、在实践中学习和取得经验的问题，解决在对各种具体政策考察和探索的过程中坚持实事求是的问题。

（2）明确新时期思想政治工作的根本任务和具体要求。《提纲》指出：当前和今后一个时期，宣传工作的根本任务是积极宣传马列主义、毛泽东思想，宣传党的政治路线、思想路线和组织路线，继续贯彻执行解放思想，开动脑筋，实事求是，团结一致向前看的方针，排除种种错误思想的干扰，把全党全国人民的思想最大限度地引导到实现党的总路线、总任务上来，同心同德，为建设社会主义现代化强国而奋斗。具体任务是：①进行马列主义、毛泽东思想的宣传教育。坚持以马列主义、毛泽东思想科学体系作为指导思想，研究探索社会主义经济、政治和文化发展的客观规律，为新时期现代化建设提供正确的科学理论指导。②集中力量进行经济建设宣传。充分发扬政治民主、经济民主，广泛利用各种新闻舆论传媒形式和手段，宣传社会主义现代化建设的新成就，各条战线的先进人物、先进典型和先进经验，鼓舞和调动亿万人民群众的积极性。③加强党的建设的宣传。通过组织党员学习和轮训解决党内存在的思想、组织、作风不纯的问题，提高党的战斗力。④继续解放思想，深入进行辩证唯物主义思想路线的教育。大兴调查研究之风，坚持一切从实际出发、理论联系实际、实事求是的原则，树立良好的学风，解决广大干部的思想方法和工作方法问题。⑤把思想工作作为中心环节。各级党团组织和工会、妇联等群众团体，经济、文化、教育、政治、法律等各个部门和单位的领导同志，都要认真来做思想工作。研究调查群众中特别是青年中存在的各种思想问题，提出正确解决的对策。对其中的一些重大问题，如封建主义思想和资产阶级思想影响问题，社会主义优越性问题，人生观问题以及宗教信仰问题，要组织专门力量，写出评论文章、通俗小册子、理论专著，并通过报刊、广播、电视以及报告会、讲座等形式，有步骤地进行宣传教育，并作为长期的任务坚持下去。

（3）建立和加强党对思想政治工作的领导制度。《提纲》要求：各级党委的主要负责同志要亲自抓思想政治工作。中央和各省、市、自治区党委同志要亲自到群众中去，或通过广播电视向群众做报告，宣传党的路线、方针、政策；积极大胆地领导思想领域的斗争，贯彻执行解放思想、发扬民主、“双百”方针、“三不主义”和群众路线，既反对简单粗暴，也不要放任自流；对于思想文化领域的问题，主要采取引导、讨论、批评与自我批评、说服教育的方法，通过逐步制定有关法律、条例和规定，促进社会主义科学文化事业的发展；加强思想政治工作的党性原则和纪律要求，中央宣传单位对于重大方针、政策问题一定要保持宣传口径一致，注意内外有别，在报刊上展开讨论，要遵守党内生活准则的规定；在党的报刊上开展批评和自我批评要严格尊重事实，讲清楚道理，不要纠缠旧账。中共中央《关于当前报刊新闻广播宣传方针的决定》进一步明确规定了新闻舆论宣传战线的思想政治工作制度，如报刊、新闻、广播、电视必须严格按照十一届三中全会以来党的路线、方针、政策进行宣传，主要任务是要坚决维护和发展安定团结的政治局面，保证党和国家中心任务的顺利进行；主要内容是进行关于四项基本原则和社会主义精神文明建设的宣传；坚持实事求是，以表扬为主的方针，正确处理表扬与批评的关系；坚持为人民服务、为社会主义服务的方向，贯彻执行“双百”方针；无条件地同中央保持一致，不允许发表与中央路线、方针、政策相违背的言论。

（4）健全思想政治工作队伍建设制度。《提纲》强调：加强与改进思想政治工作，根本问题是要迅速培养和建立一支合格的、强大的、又红又专的思想政治工作队伍。各级宣传部门都要努力培养一批有高度社会主义觉悟、熟悉思想政治工作业务、有专门知识的专家。《提纲》规定了对宣传思想工作者的基本要求：深入调查研究，实事求是，做好马列主义和党的路线方针政策的宣传，提倡和树立读书、思考、同别人平等商量问题和调查研究的风气。《提纲》还提出了加强新时期思想政治工作队伍建设的三项措施：一是落实党的知识分子政策，逐步建立职称、晋升、考核、奖励等各项制度；二是调整充实各级宣传思想工作部门领导班子，选拔优秀中青年干部到领导岗位；三是建立宣传思想工作部门的培训制度。

二、大学生思想政治教育工作的创新发展

新时期以来思想政治教育工作为大学生思想政治教育工作的发展创新打下了坚实基础。回顾其创新发展历程，最为重要的就是思想政治教育专业建设与学科建设制度的创立和发展。

关于思想政治教育科学化问题，中国共产党人早在民主革命时期就提出了。毛泽东同志曾指出，要使党员的思想、党内的生活政治化、科学化，就必须教育党员用马克思列宁主义的方法去代替主观主义的方法，要求党员进行实际的调查研究。邓小平同志在反对“两个凡是”、倡导解放思想的过程中，提出了用科学的态度对待毛泽东思想，为思想政治教育的科学化作了理论铺垫。在谈到思想理论工作的政治化和科学化问题时，邓小平同志认为，马克思主义思想理论工作是不能离开现实和政治大局的，要成为马克思主义的思想家、理论家，就必须研究政治大局，紧跟革命斗争实际发展；研究“四项基本原则”在新形势下的意义，根据丰富的事实对此做出新的、有充分说服力的论证，以便说服那些向今天的中国寻求真理的人及教育人民。20世纪80年代，我国思想理论界围绕思想政治工作科学化问题展开了大讨论，许多专家学者和思想政治工作者纷纷发表文章，从理论与实践相结合的角度探索思想政治工作科学化的理论依据、现实必要性和紧迫性，有力推进了思想政治教育科学化的发展。[①] 1987年5月29日，中共中央颁发的《关于改进和加强高等学校思想政治工作的决定》指出，思想政治教育是一门以马克思主义理论为基础，综合性和实践性都比较强的科学，必须有专职人员作为骨干，并且要培养和造就一批专家、教授和理论家。1994年8月31日颁发的《中共中央关于进一步加强和改进学校德育工作的若干意见》明确指出，思想政治教育是一门科学，有其自身的规律，要把思想政治教育作为人文社会科学的重要学科加强建设。

新中国建立前，我国从事思想政治教育和研究的人员基本是文史哲等专业毕业的，难免存在着思想政治教育专业知识不扎实甚至缺乏的问题。鉴于

---

① 吴潜涛，刘建军．新时期思想政治教育史论［M］．合肥：安徽人民出版社，2004：221.

此，1984 年 4 月，教育部决定在南开大学、复旦大学、清华大学等 12 所高等院校设置思想政治教育专业，招收 4 年制本科生，第一批总计招生 360 人。与此同时，这些院校还担负专业教材的编写任务，列出了该专业必修课程参考目录：①公共课，时事政策教育、共产主义思想品德教育、外语等；②基础课，哲学、中国共产党党史、中国社会主义建设的基本问题、政治经济学、写作等 11 门课程；③专业基础课，教育学、伦理学、心理学、法学、当代西方思潮、现代科学技术；④专业课，马列主义原著重要文献选读、思想政治教育概论、党的建设及团的工作；⑤实践课，社会调查和思想政治工作实习。同年 6 月，教育部下发关于在高等院校举办思想教育（大专起点班）本科班的意见，学制 2 年。这标志着思想政治教育专业的本科建设全面展开，并走上正规化、科学化的轨道。① 此外，教育部还决定在部分高校开展思想政治教育专业的第二学士学位教育。1984 年 6 月，教育部决定在清华大学、北京钢铁学院、浙江大学等 6 所高校首先试办思想政治教育专业第二学士学位班，学制 2 年。1986 年 12 月，教育部又决定次年在清华大学、南开大学、复旦大学等 5 所高校试办思想政治教育专业在职第二学士学位班，就近招收走读生。在这些工作基础上，1987 年 5 月，《中共中央关于改进和加强高等学校思想政治工作的决定》中明确提出：有关院校要认真办好思想政治教育专业，办好第二学士学位班，并创造条件培养这方面的硕士和博士研究生，为造就从事思想政治教育的专门人才开辟一条新路。1987 年 9 月，国家教委印发《关于思想政治教育专业培养硕士研究生实施意见》的通知，决定从 1988 年开始培养思想政治教育专业的硕士研究生，复旦大学、南开大学、武汉大学等 10 所高校首批招生，招生对象为大学本科毕业或具有同等学力从事思想政治教育专业工作两年以上的在职人员，学习年限为 2～3 年，主要对象为高等学校及党政机关培养思想政治工作者和思想政治教育专业的教学科研人员。

各个学校在创办思想政治教育专业的过程中，也各自进行了相关教材的编写工作。在此基础上，1993 年，国家教委思想政治工作司开始统一组织

① 吴潜涛，刘建军．新时期思想政治教育史论［M］．合肥：安徽人民出版社，2004：223.

编写思想政治教育专业系列教材，总计20余本教材分2批由高等教育出版社出版。第一批有《马克思主义思想政治教育著作选读》、《马克思主义思想政治教育理论基础》、《思想政治教育学原理》、《社会思潮与青年教育》（一）、《青年学概论》。第二批出版的有《马克思主义思想政治教育著作选读讲解》、《马克思主义思想政治教育理论发展史》、《党的思想政治工作史》、《高等学校思想政治教育史》、《社会思潮与青年教育》（二）（三）、《人生的理论与实践》、《社会主义精神文明建设的理论与实践》、《爱国主义教育概论》、《比较思想政治教育》（一）（二）、《政治辅导员工作概论》、《思想政治教育管理学》、《思想政治教育心理学》等。

与此同时，高校各个专业普遍开设的思想政治理论课建设也得到了创新发展。1980年4月，教育部、共青团中央联合下发《关于加强高等学校学生思想政治工作的意见》（以下简称《意见》）。《意见》指出：思想政治工作要旗帜鲜明地对学生进行系统的马列主义、毛泽东思想基本原理教育，开设马列主义理论课，是社会主义大学的特点之一。同年7月，教育部发出《改进和加强高等学校马列主义课的试行办法》，规定高校本科理工农医各专业一律开设中国共产党党史、政治经济学和哲学，文科各专业则加开国际共产主义运动史或科学社会主义，并对学时做出了具体规定，对二年制专科规定开设一至二门马列主义课，三年制专科可开设二至三门马列主义课，课程门类各校根据专业性质自行设定。针对我国民族自治地区的情况，教育部、中宣部向全国有关省、直辖市、自治区转发了《关于在新疆高等学校和中等专业学校开设“民族理论和民族政策”课问题的批复》，同意新疆开设这门课程，名称定为“马克思主义民族理论与党的民族政策”，作为一门必修的政治理论课列入教学计划，对民族地区学校的政治理论课作了明确规定。1984年9月4日，中共中央宣传部、教育部联合发出《关于加强和改进高等院校马列主义理论教育的若干规定》，根据大学生所处的社会地位和思想特点，提出了马克思主义理论教育的任务。基于提高大学生思想政治觉悟和辨别是非的能力，增强抵制资产阶级思想的侵蚀，自觉坚持四项基本原则，树立全心全意为人民服务的思想，更好地为社会主义物质文明和精神文明建设做贡献，该《规定》提出在全国高等院校增设“中国社会主义建设基本问题”课程。1985年8月1日中共中央发出《关于改革学校思想品德和政治理论课教学的通知》，论述了政治理论课改革的目的，对各级各类学校的政治理论课按层次提出了不同要求，并提出了改革教学方法和考试制度，对高校政治理论课提出四个方面的教育内容：以中国革命史为中心的历史教育，马克思主义基本理论的教育，社会主义建设和改革的理论、政策、实际知识的教育，当代世界政治经济的基本状况、国际关系基础知识的教育。1986 年 3 月 20 日，国家教委下发《关于在高等学校进一步贯彻〈中共中央关于改革学校思想品德和政治理论课教学的通知〉的意见》，规定高校思想政治理论课逐步改为开设中国革命史、中国社会主义建设、马克思主义原理三门必修课，有条件的学校可开设世界政治经济与国际关系的必修课。1987 年 3 月 17 日，国家教委又发出《关于进一步改革高等学校马克思主义理论课（公共课）教学的意见》，强调高校要积极稳妥地进行课程设置和教学内容的改革，切实保证马克思主义理论课必要的教学时数。

1995 年，高校思想政治理论课建设迎来一个重要时间节点。当年 6 月，国家教委发出通知，要求贯彻落实《中共中央关于印发〈邓小平建设有中国特色社会主义理论学习纲要〉的通知》。11 月，国家教委办公厅又发出《关于进一步组织高校教师学习〈邓小平同志建设有中国特色社会主义理论学习纲要〉的几点意见》和《关于全国普通高校马克思主义理论教学以〈邓小平同志建设有中国特色社会主义理论学习纲要〉作为教学纲要的通知》，要求进一步解决好建设有中国特色社会主义理论进课堂的问题，要把《邓小平同志建设有中国特色社会主义理论学习纲要》作为马克思主义理论课的教学大纲，纳入必修课的教学计划之中。1998 年 4 月 23 日，经中共中央政治局讨论，同意普通高校“两课”课程设置的新方案，把马克思主义理论课定为马克思主义哲学原理、马克思主义政治经济学原理、毛泽东思想概论、邓小平理论概论，文科还要开设“当代世界经济与政治”。同年 4 月 28 日和 6 月 10 日，中宣部、教育部先后发出《关于普通高等学校开设〈邓小平理论概论〉课的通知》和《关于印发〈关于普通高等学校“两课”课程设置的规定及其实施工作的意见〉的通知》，对高校以邓小平理论“进教材、进课堂、进学生头脑”为主要任务进行教学改革和课程建设作了新的部署，要求 1998 年秋季普通高校即要普遍开设“邓小平理论概论”课。教育部组织编写的普通高校马克思主义理论示范教材《邓小平理论概论》于 1998 年 7 月出版，一些省市也编写了自用的教材。

改革开放以来，思想品德课也是高校思想政治理论课程建设的重要组成部分，这也是“两课”简称的由来。1982 年 10 月 9 日，教育部发出《关于高等学校逐年开设共产主义思想品德课的通知》。《通知》要求各高等院校组织实施“共产主义思想品德”课程的教学，并强调其教学大纲和教学参考材料由各省、市、自治区或高等学校自行组织编写。其后，绝大多数高校陆续开设了这门课程，积累了一些经验，但从内容到方法均有待完善。① 有鉴于此，教育部于 1984 年 9 月 12 日发出《关于高等学校开设共产主义思想品德课的若干规定》，指出共产主义思想品德课的主要任务是对学生进行共产主义人生观和共产主义道德教育，回答学生有关人生、理想、道德等方面的问题，其内容以教育部制定的高等学校《共产主义思想品德教学大纲（试用本）》为依据，并根据各校实际情况，确定不同专业、不同年级的教学内容。1986 年 9 月 1 日，按照《中共中央、国务院转发关于向全体公民基本普及法律常识的五年规划的通知》精神，国家教委下发了《关于在高等学校开设“法律基础”课的通知》，对“法律基础”课的设置及教学内容、教学时数等都做出了专门规定。1987 年 10 月 20 日，国家教委印发《关于高等学校思想政治教育课程建设的意见》，就高等学校思想政治教育课程设置提出了具体的要求，规定“形势与政策”“法律基础”两门课为必修课；“大学生思想修养”“人生哲理”“职业道德”三门课可以因地制宜有选择地开设；“形势与政策”课每学期均开设，但教学时数需由各校自行安排；“法律基础”课为 30 学时。“大学生思想修养”在大学一年级开设，“人生哲理”在大学二年级开设，“职业道德”在大学三年级开设。

在上述工作基础上，伴随形势发展，国家教委于 1992 年作出规定，将原设的“大学生思想修养”和“人生哲理”合并为一门课，即“思想道德修养”课，54 学时，在大学一年级开设；规定思想品德课包括“思想道德修养”“法律基础”和“形势与政策”。1994 年 8 月 23 日，中共中央下发《关于印发爱国主义教育实施纲要的通知》。根据《纲要》精神，国家教委于

---

① 吴潜涛，刘建军．新时期思想政治教育史论［M］．合肥：安徽人民出版社，2004：227.

1995 年 11 月 23 日颁布试行《中国普通高等学校德育大纲》，对以爱国主义教育为核心的高校德育工作的目标、内容、原则、考评方法及其实施等做出了明确规定。此后，国家又先后颁布施行了一系列相关政策文件，为高校思想品德课程教学建设不断注入新的活力。

与思想政治教育专业建设的创建发展以及高校思想政治理论课的创新发展相伴，思想政治教育学科师资队伍建设和研究工作也迎来了持续快速发展。师资队伍建设方面，1980 年 7 月 7 日，教育部在《改进和加强高等学校马列主义理论课的试行办法》中明确：马列主义教师的培养和提高，一般以在职为主、在本地为主，由各省、市、自治区教育部门有计划地统一组织。对目前不能胜任教学但有培养前途的青年教师，由省、市、自治区或学校分批组织脱产进修，骨干教师主要依靠在职进修，通过教学实践和科学研究来提高。为此，教育部门会同省、自治区、直辖市和高等学校，采取了一系列措施加强马克思主义理论教师队伍的建设：①寒暑假讲习班。自 1980 年暑假开始，教育部单独或与省市联合举办高等学校政治理论课教师讲习班 14 个，参加学习的教师累计达到 3 600 多人次。②教师进修班。从 1980—1983 年，教育部委托一些重点高校举办马克思主义理论课单科进修班 53 个，进修教师累计达到 2 100 多人次。③助教进修班。按 1984 年 2 月 28 日教育部下发《高等学校举办助教进修班的暂行规定》，使参加进修的助教具备本专业较为扎实的理论基础，并为以后担任讲师工作打下较好的基础。④开设“马克思主义理论教育”各专业。根据中共中央 1985 年 8 月 1 日《关于改革学校思想品德和政治理论课程教学的通知》精神，加速培养适应社会主义现代化建设和政治理论课改革需要的新师资，经 1987 年国家教委高等学校文科专业目录修订会议讨论通过，并经国家教委批准，将“马克思主义理论教育”作为新学科列入高等学校本科、研究生专业目录。其中包括马克思主义基础、中国革命史、中国社会主义建设、世界政治经济与国际关系等新学科的本科、第二学士学位、研究生，为培养在职思想政治理论课教师提供了一条新的途径。此外，各地还按教师的不同情况，举办了本科班、双学位班、研究生班以及专题学习班、读书班、系列讲座等。

自 20 世纪 90 年代以来，国家更加重视通过高层次的教育进行思想政治理论课教师的培养。1990 年，国家开始设立“马克思主义理论与思想政治教育”硕士点；自 1996 年起，国家又先后在中国人民大学、清华大学、武汉大学、中山大学、东北师范大学、南京师范大学等高校设立马克思主义理论与思想政治教育博士点。在 20 世纪与 21 世纪之交，国家还制定了《面向 21 世纪教育振兴行动计划》，教育部和国务院学位委员会决定开展高等学校“两课”教师在职攻读硕士学位工作，计划在 1999—2004 年间，在高校“两课”教师队伍中完成 3 500 名左右在职攻读硕士学位教师的培养工作，从而使高校“两课”教师队伍中硕士以上学位的比例达到 30%以上。这一计划已经顺利完成。

思想政治教育专业和思想政治理论课教学的建设，离不开马克思主义理论和思想政治教育学科建设的支撑和推动。总体来看，新时期以来，相关学科建设均取得了跨越式发展，围绕思想政治教育专业建设，学科建设经历了学科主体确立、分支学科发展和综合深入发展三个阶段，逐步形成了思想政治教育学科建设制度，主要表现为：①学科体系从创立到日益完善，主体理论框架和学科基本理论及主干课程基本形成，一大批理论研究专著和论文相继问世，涉及思想政治教育学科体系、范式、论纲等；②研究方法和视角多样化，从宏观论证到微观证明，从规范研究到实证分析，从人文科学的描述法、原理分析、经济分析到自然科学的数学方法、建模都有运用；③学科分支日益明显，先后出现了思想政治教育管理学、思想政治教育心理学、思想政治教育经济学、思想政治教育社会学等分支；④进行多学科综合研究，借鉴跨哲学、教育学、政治学、伦理学、管理学、经济学、中国共产党党史、社会学等人文社会科学的有关理论和方法，以及统计学、运筹学、系统工程和计算机科学等自然科学和工程技术科学的有关理论和方法开展相关研究；⑤学术界与企业界联手合作，实现思想政治工作理论和实践的密切结合。①

2004 年初，中央宣传思想工作领导小组根据《中共中央进一步繁荣发展哲学社会科学的意见》（2004 年 1 月 5 日），制定下发了《中央宣传思想工作领导小组关于实施马克思主义理论研究和建设工程的意见》。同年 4 月 27 日，中央召开实施马克思主义理论建设工程工作会议，正式启动马克思

① 卢少求．近 20 年来思想政治教育学科理论研究综述［J］．思想理论教育导刊，2004（11）：73-76.

主义理论研究和建设工程，主要内容包括：①开展对重大理论和现实问题的研究。如组织编译《马克思恩格斯文集》（十卷本）和《列宁专题文集》（五卷本）；加强对马克思主义基本观点的深入研究，把马列主义经典作家的基本观点大致分为18个方面，分别成立了18个子课题组；集中系统研究马克思主义中国化的最新成果。②建设哲学社会科学学科体系和教材体系。在学科体系建设方面，逐步形成以马克思主义理论研究为一级学科，以马克思主义基本原理、马克思主义发展史、中国化的马克思主义、国外马克思主义、思想政治教育为二级学科，以哲学社会科学分领域研究为支撑的马克思主义学科体系；在教材体系建设方面，首先启动了马克思主义哲学、政治经济学、科学社会主义和政治学、社会学、法学、史学、新闻学、文学九本重点教材的编写工作。③推进高校思想政治理论课的改革。根据中央关于将高校政治理论课由原来的七门调整充实为四门（马克思主义基本原理概论，毛泽东思想、邓小平理论和“三个代表”重要思想概论，中国近现代史纲要，思想道德修养与法律基础）的决定，以重大项目招标的形式组织力量进行教材编写工作。④加强马克思主义理论队伍建设。以课题组培养人才，建设一支老中青三代结合的马克思主义理论研究和教学骨干队伍；对哲学社会科学教学科研骨干进行培训；在高校社科系统和社科研究系统开展“三个代表”重要思想、马克思主义立场观点方法、职业精神和职业道德的“三项学习教育活动”。在马克思主义理论和思想政治教育的研究教育界，习惯称中央上述工作部署为“零五方案”。该方案实施至今，其基本精神都是有关加强大学生思想政治教育工作主渠道建设的重要指针，它是对新中国成立以来特别是新时期以来高校思想政治教育工作经验的系统总结和提升，它为加强相关专业建设、学科建设特别是推进高校思想政治理论课程教学和研究工作奠定了坚实的根基。

此外，配合对上述大学生思想政治教育工作的主渠道建设，我国还进一步充实和发展了有关加强大学生思想政治教育工作的其他工作机制和渠道建设。第一，根据中共中央《关于加强高等学校党的建设的通知》（1990年7月17日）、《中国共产党普通高等学校基层组织工作条例》（1996年3月18日）以及1998年8月29日由第九届全国人民代表大会常务委员会第四次全体会议通过的《中华人民共和国高等教育法》等党内文件或法律法规定，中国高等院校党委领导下的校长负责制得以建立健全。第二，高校思想政治工作领导管理体制和工作机制得以不断改革完善。根据中共中央、国务院《关于进一步加强和改进大学生思想政治教育的意见》，高校应建立健全党委领导、党政群齐抓共管、有关部门各负其责、全社会大力支持的领导体制和工作机制，形成全党全社会共同关心大学生思想政治教育的强大合力。该《意见》中特别强调，教育部负责统一规划、组织协调、宏观指导和督促检查全国高等学校思想政治教育工作；各地及各有关主管部门认真负责、主动配合，共同做好大学生思想政治工作；高等学校要充分发挥思想政治教育主阵地、主课堂、主渠道的作用，把大学生思想政治教育摆在学校各项工作的首位，贯穿在教育教学的全过程，建立完善党委统一领导、党政齐抓共管、专兼职队伍相结合、全校密切配合、学生自我教育的领导体制和工作机制；学校党委统一领导学校思想政治工作，经常分析大学生思想状况和思想政治教育工作状况，制定思想政治教育的总体规划，全面部署和安排学生思想政治工作；校长负责学生德、智、体、美全面发展，把思想政治教育与教学、科研、社会服务工作结合起来，同时部署，同时检查，同时评估；开展大学生思想政治教育的科学研究工作，为加强改进学校思想政治工作提供理论支持和决策依据等。第三，建立健全高校党建研究会和党建工作会议制度。第四，加强高校思想政治教育工作队伍建设制度，建立由学校党政干部、思想政治理论课和哲学社会科学课教师、辅导员和班主任三部分人构成的大学生思想政治教育工作队伍。第五，建立健全高校学生社会实践活动制度。1992 年 6 月 25 日，中共中央办公厅、国务院办公厅联合转发中宣部、国家教委、共青团中央《关于广泛持久深入地开展高等学校学生社会实践活动的意见》。[①] 国家在组织部署大学生社会实践工作方面取得了以下成就：由各省、自治区、直辖市党委宣传和教育部门、教育行政部门、共青团组织本着有利于开展社会实践活动、有利于地方和企业发展的原则，建立和发展了一批县（市）和大、中型企业作为大学生社会实践基地；各大中城市及在校大学生人数较多的地、县党委和政府也建立和发展了一批区（县）、乡

① 党的宣传工作文件选编（1988—1992）［M］. 北京：中共中央党校出版社，1994：2121-2126.

(镇)、村和企事业单位作为回乡大学生开展实践活动的基地；各高校也按照“双向受益”的原则，建立和发展了一批与本校教学、科研、社会实践相结合的活动基地；各高校普遍将开展大学生社会实践活动作为学校教学、学生考核、评奖等各项工作的重要考量标准，并作为考核体系确立下来；各高校普遍成立由校领导牵头，学生工作部门、团委、教务等相关部门参加的大学生社会实践活动领导小组，负责制定学校社会实践活动的规划和具体计划；相关职能部门和高校密切配合，按照“受教育、长才干、做贡献”的指导方针组织社会实践活动，特别是组织学生社会考察、科技文化服务、救灾防疫、劳动锻炼、挂职锻炼等社会实践活动十分具有针对性；中宣部、教育部、团中央定期开展对有影响的省级社会实践先进单位，特别是关心做好接受工作的先进单位和地方党委进行表彰。在此基础上，2004 年 8 月 26 日，中共中央、国务院下发了《关于进一步加强和改进大学生思想政治教育的意见》，该文件要求建立健全大学生社会实践保障体系、探索实践育人的长效机制，组织大学生参加军政训练、社会调查、生产劳动、志愿服务、科技发明、勤工俭学等社会实践活动，以及建立健全与专业学习、服务社会、勤工俭学、择业就业、创新创业相结合的社会实践管理体制等工作。

第二章

大学生马克思主义理论教育和社会实践工作的挑战及创新

第一节　当前大学生思想政治教育工作所面临的挑战

一、现时青年大学生的价值取向存在一些问题

新中国成立以来，特别是改革开放以来，我国在推进青年特别是大学生的思想政治教育工作方面取得了巨大的成就，从根本上确保了中国特色社会主义事业后继有人。然而在改革开放不断深化的今天，很多新的社会问题不断涌现，一些青年的意识问题具有非常深刻的历史根源，不是仅靠思想政治教育工作就能够解决的。中国共产党第十八次全国代表大会向全党全国旗帜鲜明地提出了培育和践行社会主义核心价值观的重大任务，这要求我们更加重视从哲学价值观层面认识当前大学生思想政治教育工作的重要性。

总体来看，现时青年大学生的价值取向受到西方“普世价值”的侵害，产生了一系列的问题，首当其冲的就是个人主义思潮的肆虐泛滥，集体主义的淡漠。

尽管我们自新中国成立以来特别是改革开放新时期以来都持之以恒甚至

是不断强化集体主义精神教育，然而就现时来看，这种精神正面临部分大学生的质疑和否定。之所以出现这些问题，一个重要原因就在于国家经济社会的持续发展使青年大学生的忧患意识变得比较淡漠。在一些大学生看来，国家强盛与否、我们民族能否抵御外族入侵与否，似乎都与个人的存在发展没有多少关联。甚至，一些青年大学生，对新中国成立后无数青年人为国家经济建设和社会发展贡献青春的价值取向嗤之以鼻，觉得这样的价值取向“不明智”“太傻”。这种“事不关己，高高挂起”的思想，使得个人主义在青年大学生群体快速蔓延。

此外，近年来伴随改革开放的愈加深化，中国与国际的交往也由单纯政治经济交往而迅速和更加普遍地扩及社会文化等各个方面。在此过程中，西方所谓“普世价值”也乘虚而入，利用各种文化交流形式特别是文化产品的销入，愈加严重地侵蚀到青年大学生的精神世界。如果说认为个人主义才能保全个人利益的观点尽管普遍但仍不会为现时大多数青年大学生加以价值认同，那么恰恰是西方所谓“普世价值”助推很多青年大学生上升至所谓“理性”层面来理解乃至认同个人主义。应当看到，这也是导致现时集体主义精神不为青年大学生认同的一个重要原因。

与个人主义思潮相伴生的是自由主义思潮的兴起。此种思潮的肆虐泛滥也是西方所谓“普世价值”依托各种文化形式渗透而推波助澜的结果。这种思潮的普遍表现就是将自己所遇到的各种社会行为约束均视作是不正当和应破除的。一些青年大学生甚至发展到质疑国民教育必要性的地步。在他们看来，学校教育已完全成为对人性的摧残和泯灭，他们要追寻所谓的“真正自由”，就要坚决反对接受国民教育，而完全依照个人的兴趣爱好去过好自己的所谓“人生”。然而现时自由主义思潮更加危险的表现则是将整个国家政权视作是所谓“非法”的存在。诚然，现时持这种观点的青年为数极少，但值得注意的是更多人向这种观点发展的趋向。依此逻辑，不仅国家法制建设的不断发展、社会分工的不断细化都会使人受到更多所谓非正义的约束，且我们在改革开放中难以避免遇到的各种经济社会问题也都会被归结于国家政权的所谓治理失败。照此逻辑发展下去，不仅人对自由、民主等问题的理解会完全背离现实的逻辑，更有可能将整个国家社会带入动荡和混乱之中。

个人主义思潮的兴起更直接推动了享乐主义、消费主义、极端主义等错误价值取向的滋生蔓延。当个体将对国家、民族、社会的贡献完全排除在了自己设定的自我实现和价值实现标准之外，贪图享乐和物质异化情况的出现也就在所难免。在一些青年大学生看来，自己发展的好不好，要用自己能否享受更多的物质或异化为物质的肉体消费来衡量，而更多的人在实际生活中，已经不是让物质消费来服务于各人的发展奋斗，恰恰相反，自己的发展奋斗归根结底都是为了满足欲壑难填的物质消费。在这样的社会风气之下，处于社会边际的青年大学生就很难不受这些不良社会风气的影响。更加值得关注的是现时极端主义思想的兴起。极端主义本质上是一种典型的非理性思潮。而这种非理性思潮的肆虐泛滥与当前整个国家经济社会结构所持续面对的剧烈和深刻变动有着密切的关联。正是在这种持续而深刻的经济社会结构变动中，一些青年大学生不能够正确去看待贫富分化问题、资源分配不公问题和地区发展差异问题。

除却个人主义、自由主义、享乐主义、消费主义和极端主义等社会思潮之外，现时青年大学生中还有一个颇值得警惕的思潮，就是神秘主义的兴起。现时大学生中，有不少人每遇考试就业之时，烧香拜佛，轻信封建迷信之说。有关神秘主义，现时更值得关注的是星座文化的盛行。有些大学生甚至建立起所谓“星座信仰”，且此数量正在急剧和进一步的扩展中，对青年大学生树立正确的人生观、世界观产生了严重的不良影响。

二、现时部分青年大学生的政治信仰危机

新中国成立以来，我国大学生思想政治教育乃至整个意识形态工作的根本任务，就是要使民众树立起马克思主义的坚定信仰。其目的是促使民众特别是青年大学生能够树立起正确的人生观、价值观和世界观。值得注意的是，当前部分青年大学生开始质疑乃至抵触马克思主义信仰。

部分青年大学生的政治信仰危机首先表现在他们对思想政治理论课的态度上。在一些大学生看来，思想政治理论课无非就是一个纯粹挣学分、为顺利毕业和拿到学位所不得不修的课程而已，他们对这些课要教些什么、应教些什么漠不关心。在思想政治理论课课堂上，埋头看手机、玩电脑、学专业课乃至睡觉“养精蓄锐”的同学比比皆是，谁对思想政治理论课程表现出浓厚的兴趣，反而会被有的同学耻笑。还有不少青年大学生，将思想政治理论

课视作是纯粹需要死记硬背的“无用教条”，高呼“60分万岁”。临到考试或考试不及格时，更是埋怨这些课程“无用”“浪费时间”，甚至发牢骚说应当将这些课程“彻底取消”。更有少数青年大学生，甚至对思想政治理论课程产生了抵触情绪。在他们看来，这些课程是意识形态的“灌输”，是对人精神自由的“阻碍”，充斥着“空洞的说教”。很难想象，如果青年大学生都是如此看待思想政治理论课程，我们又当如何引导他们构建起科学的政治信仰。

第二节　应对当前大学生思想政治教育工作面临的挑战的总体思路

一、思想政治教育工作应立足于青年大学生的整个精神世界

当前青年大学生价值取向乱象和政治信仰危机对大学生思想政治教育工作的发展创新提出了迫切要求。问题在于如何发展创新？

改革开放以来思想政治教育专业和学科建设的发展，为我们加强大学生思想政治教育工作提供了重要条件。可耐人寻味的是，恰恰是在这个过程中，青年大学生乃至社会各个阶层的思想道德修养和政治信仰却正在经历着“滑坡”的危险，这种“滑坡”问题的存在有社会原因。但这并不妨碍我们深刻反思：为什么我们思想政治教育工作的改革创新不能够回应这种“滑坡”问题呢？一个重要原因恐怕在于：我们的思想政治教育专业和学科本身就不够科学。应当看到，作为一个改革开放以来新兴的专业和学科体系，思想政治教育专业和学科建设长期以来没有找到科学性基础上的专业和学科定位，相反却有其他学科的“大杂烩”之嫌。应当注意，我们绝不是说跨学科的学科交叉发展不重要，而是说就思想政治教育专业和学科建设而言，其对于其他相关学科的所谓“交叉”和“融合”并没有建立在足够科学的论证和实验基础之上，换言之，就是并没有基于思想政治教育工作的规律，找到融合相关学科理论和研究方法的内在逻辑。

由此造成的结果是，从事思想政治教育专业和学科建设的一些学者和高

级研究人员（如硕士、博士研究生），既没有本专业和学科特色的研究深度，又不能扎实、深入地进行相关学科的学习和研究。甚至少数所谓思想政治教育专业和学科建设的工作者所做的很多研究，也不过是对一些中央文件和马克思主义基本原理的简单重复或空洞说教，不接地气，缺乏说服力，严重影响了大学生思想政治教育工作的公信度。还有一些学者和高级研究人员，看似从事的是思想政治教育研究，实际上只是专业性的马克思主义理论研究或其他相关学科的理论研究，很难对实际上的思想政治教育工作发挥指导作用，甚至不能提供必要的理论支撑。

改革开放以来我们思想政治教育工作的改革创新之所以不能够回应和遏制青年人和社会各界的思想道德和政治信仰“滑坡”问题，更为重要的原因在于整个思想政治教育工作队伍都缺乏必要的理论知识储备和实际工作技术。思想政治教育专业和学科建设存在的这些问题从根本上限制了思想政治教育工作队伍的理论和技术的培养和提高，但值得注意的是，很多从事思想政治教育工作的人本身就对为何要进行思想政治教育工作缺乏足够认识，甚至一些人本身就存在着对思想政治教育工作重要性的质疑，从事这份工作不过是作为一种谋生手段而已。还有一些人，尽管对从事思想政治教育工作充满了热情，却将这项工作与马克思主义根本对立起来。这是非常荒谬可笑的：思想政治教育工作本身就是马克思主义理论教育与实践工作的重要组成部分，一方面从事着思想政治教育工作，另一方面却不学不用马克思主义理论，这样必然将我们的思想政治教育工作带入歧途。

鉴于上述情况，基于新时期以来社会道德和信仰“滑坡”问题，更基于近年来青年大学生价值取向和政治信仰方面出现的新问题、新变化，我国的大学生思想政治教育工作要发展创新，就必须一面着重改革思想政治教育专业和学科建设，一面改革整个大学生思想政治教育工作队伍的培养和建设。而这两方面改革归根结底就是要从马克思主义哲学特别是历史唯物主义这一根本层面来寻找突破口和关键点。

翻开20世纪的中国历史，唯物史观为中国人所接受，是伴随着国人寻求救国出路这一当时中华民族的历史任务的。在认识和接受唯物史观以前，近代国人已在如何救亡图存方面经过了漫长和痛苦的探索。而恰恰是唯物史观科学揭示了人类社会历史的根本发展规律，特别是其中关于经济基础决定上层建筑及人民群众是社会历史发展的根本推动力量的规律的科学揭示，为国人特别是中国共产党找到实现民族民主革命的正确道路发挥了指导作用。然而唯物史观之所以科学，并不仅仅在于它正确地揭示了政治革命的逻辑，而更在于它正确地揭示了一切现实逻辑。更为重要的是，恰恰是唯物史观揭示出了我们不能将对革命逻辑的认知照搬到对其他实践活动特别是经济社会和人的发展实践中。毋庸讳言的是，新中国成立以后很长一段时期，我国对此问题的认识不够深刻。改革开放以来，我国尽管认识到了在经济社会实践中不能照抄照搬民族民主革命经验，但对于如何认识人的全面发展问题，特别是如何认识我们每一个人每一时刻都必须面对的每一种具体思想和实践活动的问题，在很长一段时期仍没有取得对马克思主义哲学全面和科学理解的完全突破。也正因为如此，即便是在改革开放以后，我们对于人的发展的理解仍是过于强调必然性，而缺乏对人复杂精神活动的足够关照。如此一来，一方面我们强调一切活动都必须以马克思主义为根本指导，另一方面我们的很多活动实际上没有以马克思主义为根本指导。应当看到，在改革开放新时期以来，由于社会生产力的巨大发展，越来越多的人从直接的物质生产中解放出来，转而从事更为复杂和更加多样的精神生产和其他社会产品的生产，但马克思主义对这些活动的论述却显得比较缺乏。

是马克思主义无力回应这些问题吗？当然不是。只是我们对于马克思主义的理解和研究无力回应这些问题而已。事实上，马克思主义哲学的诞生，恰恰就是站在人类哲学发展从近代迈向现代的门槛上。进而言之，马克思主义哲学的产生，就是要回应之前人类哲学发展对人整体生活世界特别是复杂多样精神活动回应失力的问题。只不过，马克思主义哲学与其他现代哲学流派的不同在于，它是立足于人的实践这一根本基础上的，它是以实践的观点来理解人的整个生活世界特别是精神世界的。也正因为如此，我们必须承认实践决定认识，必须承认经济基础决定上层建筑，但我们绝不能由此将实践与认识、将经济基础与上层建筑简单等同起来，不是说我们不应着重去认识人的认识的多样性和上层建筑的复杂性，而是说我们对于人的认识的多样性和上层建筑的复杂性的理解，必须建立在实践和经济基础之上。

20 世纪 90 年代以来，中国的马克思主义哲学界已经开始持续向本来的马克思主义亦即马克思主义生活世界理论回归。这种回归，被哲学界称作中国的马克思主义哲学研究的现代哲学革命。由于这种回归，我国哲学界从对“彼岸世界”的关注转向着重关注人的活生生的现实的“此岸世界”，研究思维也从科学思维转向历史思维。由于这种回归，我们的哲学研究的科学性得到极大提升，我们的哲学研究也有能力去关照我们的整个现实。也正是由于这种回归，我们发现，人的一切精神或实践活动归根结底就是人的价值活动，而一部人类社会历史进程就是人的价值活动的历史进程。可以说，没有这种回归，就没有社会主义核心价值观的提炼和科学揭示。

然而最重要的问题不是在于哲学界意识到马克思主义应关照我们所处的整个现实，而在于我们将这种关照化为现实的活动。正是从这个意义上说，我们的大学生思想政治教育工作发展创新的总体思路，就是必须从马克思主义哲学，转变成深入到文化哲学的层面来构建我国大学生思想政治教育工作的整个工作体系。这种工作体系的构建，归根结底就是要实现大学生思想政治教育工作对大学生整个精神世界的关照和指导。

二、以文化哲学来指导改革大学生的马克思主义理论和实践教育

当前青年大学生之所以存在价值取向和政治信仰危机问题，归根结底在于历史观出了问题。马克思主义的文化哲学科学地揭示，人的价值观与历史观必然统一。需要指出，这里的所谓历史观并不单纯是指人如何去看待过去的历史，而是包括人如何看待自身所处的现实。历史就是过去的现实，一如现实就是未来的历史。这绝不是否认历史时空的转换，而是说无论历史的时空如何转换，人终究是现实的人，精神终究是现实的精神，人赖以取得一切发展进步乃至支配人的一切活动的历史（现实）必然性并没有发生改变。正是从这个意义上说，历史就是现实，现实就是历史。诸如“个人主义”“神秘主义”等价值取向乱象，归根结底就是人对如何实现自我需求及如何发展进步的内在逻辑的误判。例如，对坚持“个人主义”价值取向的人而言，他就错误地认为只有“人人为己”才能实现自己的发展进步。而对坚持“神秘主义”价值取向的人而言，他就错误地认为自己的命运为神秘的力量所支配。对现实逻辑的认知错误，自然就会质疑马克思主义的科学性直至中国特色社会主义道路开辟的必然性，以及我们坚定不移走中国特色社会主义道路的重要性，因而政治信仰危机自然就会出现。

正是从上述意义上说，要将大学生思想政治教育工作做出实效，使大学生把自觉坚持马克思主义作为自己一切思想行动的根本指导思想，自觉培育和践行社会主义核心价值观，归根结底在于引导大学生科学地认知现实，亦即坚持科学的历史观。这就为我们如何改革创新大学生思想政治教育工作的主渠道建设——大学生马克思主义理论和实践教育指明了方向。

对马克思主义理论教育来说，扮演主要角色的就是高校的思想政治理论课程。长期以来，我们的思想政治理论课程教育恰恰就如同马克思主义哲学研究长期存在的问题一样，过于偏重对“科学（必然）世界”理论的教育，而忽略了如何引导大学生运用马克思主义原理去看待和指导活生生的现实世界。以我们现在的四门主体思想政治理论课程——“马克思主义基本原理”“毛泽东思想和中国特色社会主义理论体系概论”“中国近现代史纲要”以及“思想道德修养和法律基础”——来说：“马克思主义基本原理”课程教学中普遍存在的问题是，过于侧重对马克思主义基本原理条文的纯理论性阐释。更值得注意的是，这种阐释又过于侧重对必然性的解释，亦即实践决定认识、经济基础决定上层建筑等，而认识对实践的反作用、上层建筑对经济基础的反作用以及人的认识和精神活动的复杂性、上层建筑的复杂性，则缺乏必要的阐释。“毛泽东思想和中国特色社会主义理论体系概论”课程教学中普遍存在的问题是，过于偏重从国家经济社会发展的宏大层面来理解坚持马克思主义和马克思主义中国化的重要性。课程中对于毛泽东思想特别是中国特色社会主义理论体系的讲解和教学，固然经常会强调“青年个人与中国特色社会主义道路的关系是密不可分的”，然而缺乏马克思主义生活世界理论的必要观照，很难说服大学生。“中国近现代史纲要”课程教学中普遍存在的问题是，把一部异常复杂和现实的中国近现代历史进程，从很大程度上抽象为一个政治革命和大规模经济社会建设的历史进程，从中不能看到人的精神活动和价值活动的复杂性和多样性，不能看到人的精神活动和价值活动的复杂性和多样性，以及他们对中国近现代史进程所造成的复杂性和多样性的影响。而没有看到这些问题，就难免使大学生对近现代中国历史进程感到隔阂和陌生，从而失去学习的兴趣，更不会有从中借鉴和确立自身正确和科学价值观的积极性。“思想道德修养和法律基础”课程教学普遍存在的问题是，从很大程度上不过是从单纯道德伦理层面来向学生灌输应该树立什么样的人生观，教学看似很接地气，但由于对现实问题批判得不彻底和缺乏科学理论支撑，因而很难对大学生实际生活产生必要和足够的科学引导。

与大学生马克思主义理论教育中所存在的上述问题一样，大学生马克思主义理论实践中所存在的问题同样是缺乏马克思主义生活世界理论根本指导而产生的。由此造成了两方面问题：一方面，很多大学生社会实践流于形式。比如对于各地学校普遍施行的爱国主义实践教育工作机制，很多地方不过是把学生拉到一些爱国主义场所进行一些现场的事件讲解，而没有告诉学生，这些事件的发生发展是基于什么样的深层原因特别是现实逻辑的根本作用，而基于这种现实逻辑，当代青年大学生又应当如何来理解自己现实的活动，特别是基于此根本层面如何认识和理解个人命运与国家民族前途命运间的关系。另一方面，也是更为普遍的情况，那就是大学生的社会实践虽然搞得有声有色，但丝毫看不出这与马克思主义的思想政治教育工作有何联系。换言之，大学生从这种社会实践中确实提升了专业向实践转化的能力，也确实拓展了视野，然而没有从中认识到坚持马克思主义的根本世界观和方法论的重要性，更没有认识到在自己专业实践转化能力和视野拓展的过程中，恰恰是马克思主义所揭示的人的实践认识规律在起根本支配作用。

综上所述，正是基于马克思主义生活世界的理论，我们找到了现时大学生马克思主义理论教育和实践中所存在的深层次问题，这也就为我们如何改革创新马克思主义理论教育和实践工作提供了关键抓手。

三、以文化哲学来指导构建大学生思想政治教育工作体系

如上所述，正是马克思主义生活世界理论科学地提示，我们的大学生思想政治教育工作必须观照和指导青年大学生的整个精神世界。也正是从这个意义上说，仅仅有课堂上的马克思主义理论教育和课堂下集中有组织的马克思主义理论实践是不够的，必须构建起全方位的、能够对大学生精神世界构成实时实地全面观照和指导的大学生思想政治教育工作体系。应当指出，这并不是说我们要凭空加上什么新的工作部门，恰恰相反，是说我们仍应主要依托既有的大学生思想政治教育工作部门和队伍，只是我们应注重深入到文化哲学层面去改革创新这些工作部门和工作队伍的工作方法和工作内容。

除大学生思想政治理论课程教学和研究工作队伍外，在大学生思想政治教育工作应当发挥首要作用的就是学校和共青团系统。然而值得注意的是，一些学校和共青团系统的地位和作用在弱化乃至异化。在一些高校里，共青团的工作职能与党委学生工作部门（学生工作处、研究生工作部）存在交叉和职责不清问题，共青团系统可以支配赖以引导青年工作的资源非常匮乏，有的学校的共青团系统除举办一些文艺演出和进行日常行政运转外，没有什么开展工作的途径和方法。实际上，学校的学生工作部门虽然很多，但共青团系统的存在价值是不应被忽视的。应当看到，党委领导下的学生工作处和研究生工作部，更多的是办理上级相关部门交付的一些政策性工作。而共青团系统本身性质决定了其带有更强的青年自治色彩。特别是我们要实现对大学生精神世界的整体和彻底观照和指导，就必须依托共青团系统特别是学生自治组织，来构建灵活多样、各种形式的大学生教育和实践平台。

至于地方的共青团系统，现时积累的问题则更加普遍和严重。总体来看，在地市及其以下级别的共青团系统中，共青团工作的职能和作用已被严重弱化和异化。应当看到，在我国长期以来的社会资源分配体制中，与青年教育和发展相关的各项资源基本是按照各个业务系统纵向分配的，因而对于地方一级的共青团组织来说，其可以分配其使用和支配的相关资源就非常有限。很多地方的共青团组织不得不依靠驻地企业、机关和学校的共青团组织来开展工作。以笔者曾经开展调查研究的共青团北京市某郊区团委为例。该区没有一所高等院校，大型企业也寥寥无几，团区委的青年工作开展十分困难，更勿论开展切实有效的青年思想教育和引导工作。共青团工作地位作用的弱化，使得一些地方的共青团组织基本成为属地政府的某种形式的招商引资部门。一些团委干部热衷于通过各种青联形式结交青年企业家，却对开展青年引导工作无甚兴趣。更有的团委干部本身就十分缺乏马克思主义理论修养，轻视甚至质疑加强青年马克思主义理论教育和实践的重要性。或有人说，对于共青团系统而言，大学生思想政治教育工作主要应由学校内部的共青团组织去承担。然而，我们应当看到，学校不过是大学生学习生活的一个场所而已。恰恰地方一级的共青团组织才是对接各类青年群体也包括在校大学生的活动轨迹的交汇点。因而做好地方一级的共青团组织建设是非常重要的任务。

要实现大学生思想政治教育工作对青年大学生整个精神世界的观照和指导，更需要其他各个党群、政府相关职能部门和各类经济、社会、文化机构组织的通力配合。进而言之，恐怕一切经济、政治和社会活动都对青年大学生的价值取向乃至政治信仰产生着潜移默化的影响。特别是在如今的新媒体时代，无论是在校内还是校外，恐怕对大学生精神世界产生最为普遍影响的已不是我们的学校、课堂或家庭，而是新媒体时代下的互联网世界。正如马克思主义文化哲学所反复指出的，我们从哲学意义上所说的文化，绝不仅仅是指我们的学校教育和各种虚文化产品生产传播，而是指人的比较固定和习惯性的思想和生活方式本身。无论是从狭义还是从广义上来理解文化，我们都不难发现，新媒体时代下的互联网世界是对大学生思想行为方式产生影响的首要载体。例如，大学生已主要依赖新媒体等互联网交互手段来进行社会交往。大学生也已主要依赖互联网等交互手段来获取社会新闻等各方面信息。大学生更越来越依赖互联网等交互手段来消费诸如计算机游戏、歌曲、电影电视作品、书籍等精神产品，甚至是越来越依靠互联网等交互手段来学习专业知识。一言以蔽之，新媒体时代下的互联网交互手段几乎已成为大学生精神世界的主要组成部分。

在此情况下，互联网的开放性、即时性和普及状况，一方面为我们开展马克思主义理论教育和实践、引导大学生自觉培育和践行社会主义核心价值观提供了更为便利的条件，另一方面，它为我们全面加强大学生思想政治教育工作提出了更为严峻的挑战：首先，互联网交互手段的普遍使用，为“个人主义”“神秘主义”等错误价值取向的传播蔓延提供了极其便利的条件。例如，在地域歧视极端主义思潮的传播蔓延过程中，网络社交平台就发挥了关键作用。其次，互联网交互手段的普遍使用，更为西方所谓“普世价值”、历史虚无主义思潮的肆虐蔓延提供了极其便利的条件。这些错误思潮隐匿于各类信息平台之中，使加强相关新闻宣传管理工作面临着前所未有的难度。再次，互联网交互手段的普遍使用，也使得对各类文化产品的传播管理面临着严峻挑战，一些承载消极错误思想意识的文化产品，往往能在很短时间内以极快的速度在网民中传播蔓延，这些文化产品中的消极思想与其审美载体难以清晰区分，很多时候相比直接的消极错误价值观念的传播，更会产生深远和恶劣的价值导向影响。

综上所述，正是从马克思主义生活世界理论出发，我们必须重视全面构建大学生思想政治教育工作体系的重要性。而依照马克思主义生活世界理论，也为我们主要依托高校相关部门改革创新马克思主义理论教育和实践工作的同时，更为注重改革创新团学工作、互联网文化建设工作指明了方向。

第三节 大学生马克思主义理论教育工作的改革创新——“中国近现代史纲要”课程内容与社会主义核心价值观教育的对接

马克思主义生活世界理论科学地揭示，社会历史的发展归根结底就是人的价值活动的发展变化。正是从这个意义上说，以大学生思想政治理论课程教育作为开展大学生马克思主义理论教育的主要抓手，就是要实现社会主义核心价值观与各门高校思想政治理论课程教学研究的有机融合。进一步说，这正是改革创新大学生马克思主义理论教育工作的主要抓手。本书由于篇幅限制，不拟对如何实现社会主义核心价值观与各门思想政治教育理论课程的有机融合逐一加以详细阐述，而特以“中国近现代史纲要”课程为例，专门和深入探讨如何实现社会主义核心价值观与“中国近现代史纲要”课程的有机融合。

一、关于实现对接的总体设想

一般意义上说，中国的近现代史被归结于中华民族追求独立与伟大复兴的历史进程。长期以来的“中国近现代史纲要”课程正是依照这一线索来组织教学的。不过历史地看，绝不能说这两大任务是被割裂开来的。在新中国成立以前，固然实现民族独立是中华民族的首要任务，但中国人民也在世代探索如何在既有条件下改善国家治理方式，以期早日实现民族的复兴。新中国成立以后，如何治国理政以期早日实现民族复兴变成中华民族的主要任务，但维护国家主权完整、民族独立的斗争一天也没有停止过。直至今天，中国的政治体制一直为西方所敌视，崛起的步伐亦被竭力阻止。也正因为如此，西方各国分化中国的图谋从未消失过。而对中国而言，维护国家独立与主权完整的斗争一天也没有停止。上述情况既是历史的事实，又是我们实现“中国近现代史纲要”课程内容与核心价值观教育相对接所必须立足的根本点。考察历史的结论应当与历史的发展逻辑相统一。我们之所以要践行和培育核心价值观，一方面其形成是历史的必然，而非我们单纯立足现实理论论证的结果；另一方面也正是历史给予我们启示，证明践行和培育核心价值观的必要性。在这种情况下，如果仍将一部中国近现代历史彼此绝缘地分割为民族独立史与民族复兴史来讲叙，不利于我们深刻论证核心价值观形成的必然性与培育的必要性。

学界对中国近现代历史研究的逐渐深入和研究视角、研究方法的多样性，对我们传统的教学思路提出了越来越多的挑战。特别是一些近年来学界基于大量微观研究达成共识的具体历史问题，它本来只是反映历史事件的某个阶段的某个侧面，还需要我们在宏观叙事中对其进行历史背景、历史影响的全面交代，但我们的教学工作中并未对此引起足够重视，以致引起学生的思想混乱，质疑我们对重大历史问题的既有定论。这其中尤其值得警惕的是一些人故意舍弃学界一些新近研究成果的既定历史背景，而将这些成果中的某些片段信息孤立地择取出来，甚至刻意歪曲，以此为所谓历史事实依据，用我们所提倡的诸如自由、平等、民主等社会主义核心价值观中的内容去攻击中国共产党的革命和建设历史，歪曲中国共产党一直在阻碍这些价值的实现。对于这些问题，我们在进行“中国近现代史纲要”课程教学时必须加以缜密地驳斥。只有在教学过程中始终坚持此种问题意识，我们才能一方面肃清历史虚无主义思潮对学生的影响，另一方面使学生真正地认识什么是社会主义核心价值观，以及如何培育和践行社会主义核心价值观。

近代以来，从中国历史始终在追求民族独立与实现民族复兴两条线路上并行演进的意义上说，将社会主义核心价值观教育与“中国近现代史纲要”课程教学内容相对接，正是实现“中国近现代史纲要”课程教学更加贴合历史发展实际的根本路径。另一方面，正是一些别有用心的人妄图“以我之矛攻我之盾”，将历史与社会主义核心价值观进行恶意对接，以此达到既抹黑中国共产党历史又抹黑中国共产党现时主张的企图，恰恰提示我们应当增强

“中国近现代史纲要”课程教学中的问题意识，这样一方面使教学更有针对性，避免教学内容的漫无边际和大量史料的无谓堆积，另一方面，通过历史事实驳斥恶意对接的荒谬逻辑，反而有利于学生更加深刻地认识到核心价值观形成的必然性和培育的必要性。由上述可见，我们现时开展“中国近现代史纲要”课程教学，一方面应改单条线索叙事为两条线索叙事，另一方面，则应将问题意识贯穿于两条叙事线索的始终。这应当成为我们现时“中国近现代史纲要”课程教学的总体思路。

二、以历史事实驳斥“强权即公理”

是西方列强的殖民入侵使中华民族丧失了独立主权，同时，西方列强在中华民族重新获得独立主权之后，继续以种种形式威胁中国的领土和主权完整。一部中华民族追求民族独立与维护民族独立的历史，实质上也就是中华民族与西方列强侵略分化中国行径进行不懈斗争的历史。从某种意义上说，如何认识近代以来中国历史，也就是如何认识近代以来中西关系。然而，就现时来看，恰恰在这个问题上有很多错误的观点，使其成为历史虚无主义思潮泛滥的重灾区。有的观点认为，近代以来历史上的西方侵华战争，很多是由于中国政府不按外交规则办事，损害了西方在华合法权益，西方国家的所谓侵华战争，只是为了捍卫其所谓合法权益。例如说第一次鸦片战争的爆发就是因为中国官民的野蛮排外；例如说八国联军侵华的原因也是因为义和团运动侵害外侨，而中国政府又默许甚至暗地里支持这种侵害行为的发生；等等。还有的观点认为，西方对华战争是侵略固然可以认定，但是近代以来中国经济社会发展迟滞的根本原因不是西方侵略，而是中国政府自身的腐朽落后。这种观点进而指出，恰恰是西方一直在以各种形式促进中国经济社会的发展进步。比如说西方对华商品输出改善了中国的经济结构，刺激了近代民族工业的发展；西方在华投资拉动了中国经济增长，完善了中国的经济部门设置；西方在华设立的租界及其殖民地建设了先进的基础设施，成为中国近代化的标杆；西方对华的文化教育输出更是从深层意义上推动了中国的社会进步；西方在华领事裁判权的设置推动了中国的司法进步；甚至于说西方政治思想在华的传播才是中国民主革命兴起、胜利的思想源泉；等等。即便对于新中国成立以后维护民族独立和国家主权完整的正义行为，也有观点加以抹黑攻击。例如说中国人民保家卫国的抗美援朝战争是干涉别国内政，说中国人民对印、越的自卫反击战是侵略，更有说西方敌对势力长期以来的分化中国图谋是基于捍卫人权、反对专制，等等，五花八门、无奇不有。

应当说，上述观点归根结底就是陷入了“强权即公理”的错误逻辑。这种论调危害十分巨大。一方面，它是对历史的曲解和抹黑，是对近代以来无数革命先烈为国捐躯伟大行为的卑鄙攻击，是对近代以来西方殖民者在华种种罪恶的恶劣狡辩。另一方面，它更会引起青年对如何认识处理现时中国各种问题的思想混乱。按照这种庸俗进化论的观点，那么就得任凭西方分化中国的图谋步步得逞，甚至于就得要求中国完全照搬西方的一切政治经济社会发展模式。而从培育和践行社会主义核心价值观的角度来看，更加需要坚决地驳斥这种庸俗进化论。因为按照庸俗进化论的逻辑，那么近代以来中国反抗外来侵略的斗争历程恰恰是违背了富强、民主、文明、和谐的价值取向，而要实现这种价值追求，就必须“迷途知返”，尽快照抄照搬西方模式。按照庸俗进化论的逻辑，那么近代以来西方就丝毫没有践踏中国人民对自由、平等、公正、法治的追求权利，相反恰恰是西方在“唤醒”中国人民的这些意识，因而我们现时对这些社会价值取向的追求也应当完全统一到西方的价值取向逻辑当中去。同样是按照庸俗进化论的逻辑，那么青年人就完全没必要也不应当爱国，而我们国家所提倡的敬业、诚信和友善等价值取向也就完全失去了培育和践行的必要性。

由上述可见，实现社会主义核心价值观教育与“中国近现代史纲要”课程教学内容的对接，既是培育和践行社会主义核心价值观的必要，同时也是正本清源、还原近代以来中华民族追求与维护民族独立历史的需要。这就要求基于这条历史线索的叙事应围绕驳斥所谓“强权即公理”的庸俗进化论来展开，增强教学的针对性。

毋庸置疑，近代以来中华民族不断反抗外来侵略与捍卫国家独立的历史涵盖了不计其数的相关历史信息，我们在“中国近现代史纲要”课程教学中本来就不可能做到事无巨细地平铺直叙。而基于驳斥“强权即公理”的谬论，也提示我们在叙事中应有针对性地选取一些历史节点，鉴于现时一些错误观点，有重点、有选择地展开相关史实述评。从这个意义上说，重溯近代以来中华民族反抗外来侵略与捍卫国家独立的历史，首先要交代清楚为什么会发生第一次鸦片战争。针对此问题，现时比较有影响力的错误观点主要是，当时中国司法野蛮不公，严重损害了在华英侨的所谓合法权益，特别是“虎门销烟”过程中扩大了打击面，造成所谓英方利益不应有的严重损害。针对这种错误言论，我们在教学过程中就需要依托大量史料，重点陈述以下事实：第一，近代前后，在华的英国乃至西方各国所谓外侨，绝大部分是参与鸦片贸易的不法商人和从事不法活动的传教士。特别是那些所谓的传教士，绝大多数以从事传教活动为掩护，实际上是刺探中国情报，为西方如何侵略中国出谋划策。因而所谓中国司法野蛮不公、严重损害了在华外侨的合法权益，纯属无稽之谈。第二，“虎门销烟”是中国政府严厉打击贩毒罪行的正当举措，西方各国毫无理由在此问题上对中国政府加以指摘。第三，伴随西方特别是英国在远东地区逐步扩大侵略，中国这个巨大国家早就为其觊觎。加上当时其对华贸易的巨大入超，更促使其千方百计要叩开中国大门。当外交手段无法奏效时，其必然诉诸武力，这只是时间早晚而已，而“虎门销烟”只是导火索。通过上述叙事，我们就可以得出结论：第一次鸦片战争完全是西方列强为在华攫取更多经济利益的武装侵略，没有任何正义性可言。

采取同样的思路，我们依据大量史料，应接续将第二次鸦片战争直至中国人民抗美援朝战争的爆发原因逐一进行梳理，以此对应近代以来西方列强不断挑起侵华战争的历史事实。针对现时一些错误认识，在此梳理过程中还应重点解析的是八国联军侵华战争和中国人民抗美援朝战争的爆发原因。关于八国联军侵华战争，有观点认为是义和团民攻击外侨，西方列强外交抗议无果，出于保护本国侨民才武装开进中国。针对此谬论，我们在解析八国联军侵华战争爆发原因时，就应依据大量史料着重讲清以下事实：第一，其时一些在华外侨仰仗领事裁判权，并抓住地方政府委曲求全心理，横行霸道，肆意妄为，当地民众被逼无奈举旗反抗，义和团运动正是因此而兴起的。第二，八国联军侵华战争，是西方列强瓜分中国图谋发展到顶峰的结果，所谓保护侨民只是借口而已。第三，恰恰是八国联军侵华过程中以义和团运动为代表的民众反抗，使西方列强看到了蕴含于民众中的反抗外来侵略的巨大力量，迫使其不得不放弃了瓜分中国的图谋。关于中国人民抗美援朝战争，现时流传较广的错误言论主要是，强调朝鲜战争是由朝鲜一方率先挑起，美国出兵朝鲜半岛是所谓维护和平和国际公理，而中国的参战完全是所谓干涉别国内政，只是所谓苏联与美国争夺朝鲜半岛利益的牺牲品。这种言论极其荒谬，且危害巨大。对其加以驳斥，就应依据大量史料着重讲清以下事实：第一，不管是朝鲜还是韩国先挑起的朝鲜内战，归根结底都是朝鲜半岛的内政问题。无论中国美国都无权干涉。第二，美国出兵朝鲜，干涉朝鲜内政，将战火烧到中朝边界，并出动飞机侵入中国领空进行轰炸，这已构成了对中国的侵略。且其同时出动第七舰队封锁台湾海峡，妄图阻止中国人民解放军收复台湾，这又构成了对中国内政的干涉。第三，第二次世界大战后，朝鲜民主主义人民共和国与大韩民国以“三八线”为界，“三八线”以北为朝鲜民主主义人民共和国实际控制区域，“三八线”以南为大韩民国实际控制区域。而美军于仁川登陆，跨越“三八线”向北长驱直入，朝鲜民主主义人民共和国无力抗击，因而要求中国政府出兵协助其收复失地。由上述可见，中国人民抗美援朝战争的爆发，归根结底是为捍卫中国来之不易的民族独立，同时也是应邻国之邀协助其抗击外军侵略，何来干涉别国内政？又何谓为别国争夺世界霸权的棋子？

在如上梳理的基础上，接下来就应集中精力探讨西方列强的侵华战争到底带给中国什么影响。这也是针对近代以来中国历史，历史虚无主义思潮最为集中的问题之一。就现时情况来看，首先要讲清楚的问题是近代以来西方列强对中国领土主权完整的破坏。特别是领土问题，即便目前对于近代中国历史的观点各式各样，但绝大多数青年仍对近代以来中国领土不断遭到侵略问题保持比较敏感的反应。因而从这个问题切入，能够最大限度地赢得青年共识。之前我们教学活动中提到领土问题，重点强调的是中国通过历次不平等条约割地的情况，比如香港问题、台湾问题、山东问题、东北问题、中俄边界的大规模土地割让问题等，这些问题固然非常重要，仍须加以仔细交代。不过就现时情况来看，更应着力补充一些西方列强阴谋分化中国的情况。一方面，这是一种比较隐蔽的侵犯中国领土主权完整的形式，我们通过带领学生进行相关的历史考察，利于学生更深刻地认识西方列强的侵略本质；另一方面，在新中国成立以后，特别是近些年来，歪曲历史真相恰恰成为西方列强继续侵犯中国领土主权的主要形式，通过对历史真相深刻揭露，也有助于引导学生夯实对于爱国、维护国家独立等价值取向的坚实追求。突出强调领土主权问题后，即仍可依照之前的教学思路，从经济、文化、社会等层面对近代以来西方侵略对中国造成的危害情况进行择要介绍。

接下来的问题就是如何认识所谓西方侵略带给中国的积极影响。就现时来看，这一问题也是特别容易引发学生思想混乱的地方。基于学界研究进展，我们就着力从两个层面对此问题进行辨析。第一，应依据相关史料的整理和支撑，使学生明确，我们不能否认近代历史上确实有外国人士在给予中国各种帮助——像柯棣华、白求恩等就是例证，但我们同样不能否认还有很多外国人在华横行霸道、胡作非为，更加不能否认西方列强（政府）主观上绝不存在希望中国发展进步的念想。毫无疑问，近代以来中西关系不断演变的根本前提，就是西方列强不断地要从中国攫取更多特权和利益。为叩开中国大门，一次又一次地发动侵华战争，以各种形式迫使中国政府签订各种不平等条约。现时有一种论调，对近代以来中日发展历程进行比较，提出日本统治者积极走现代化（西化）的道路，因此得到了西方列强的认可。西方列强不仅同意废除对日各种不平等条约，而且积极帮助日本进步。反观中国，正是由于封建势力的强大，阻碍西方对中国的帮助，才导致中国与日本的差距越来越大。我们在教学过程中针对这种论调进行批驳时应着重指出：这种论调恰恰忽视了一个最根本的问题，那就是在其时西方列强看来，在中日两国获取的利益是否对等。毫无疑问，日本不管是在国土面积、人口规模还是在各种资源储备方面都与中国相去甚远，西方列强不可能像放弃日本那样放弃中国。应当看到，在西方列强逐步放松对日本的控制和侵略的时候，恰恰是西方列强瓜分中国图谋逐渐达到顶峰的时候。这个历史事实已经很能说明问题。再者，也正是中日国土面积及人口资源规模的巨大差异，决定了西方列强不可能像对日本那样给予中国以崛起的可能性。因为在西方列强看来，一旦中国发展壮大对其威胁将是十分巨大的。毫无疑问，这种观点直到现在都还根深蒂固。也正是从这个意义上说，西方列强怎么可能主动帮助中国进步呢？而且事实表明，其时西方在中国建立的工厂、铺设的铁路，在租界里的公共设施建设，甚至于被一些人极为“推崇”的、西方凭借领事裁判权在华设立的司法机关，归根结底都是为该国利益、该国民众服务的。这就好比西方列强建立一座漂亮的花园，即便再美观、设计理念再先进，但门口悬挂一张“华人与狗不得入内”的牌子，这于中国人民又有何意义可言呢？

第二，不应否认，近代以来结束了中国闭关锁国的历史，中国人开始睁眼看世界，西方大量的科学技术、文化教育成果、政治理念开始在国内传播，甚至可以说，假如中国闭关锁国的情况持续更长时间，那么中国开始走向近现代化的时间也会更迟一些。但是，我们不能将此称作所谓西方侵略客观上的进步意义。因为无论是主观还是客观，单从西方侵略本身对中国而言都没有任何积极意义。我们向学生说西方侵略对中国而言有所谓的进步意义，那会加剧学生的思想混乱。我们应当向学生指出的是：西方对华侵略主观上是为攫取在华利益，客观上不断加深着中国的半殖民地状况。西方思想的涌入，是良莠不分的。其中某些思想、某些文化、某些技术在中国的运用和传播，那都是中国人民对其进行有意识、有目的地选择加工的结果。就好比面对甲的欺辱，乙选择逆来顺受，丙则选择自强以御辱。乙、丙两个人最终命运不同，归根结底还是其不同价值取向的结果。我们岂能说甲对乙而言没有进步意义，而对丙而言有进步意义呢？

也正是当我们对近代以来中华民族追求与维护民族独立的历史叙述到这个层次的时候，社会主义核心价值观教育开始与我们的教学内容明确结合起来，即：中国人民面对外族侵略，开始逐渐自发直至自觉地追求爱国、富强、民主、公正等价值取向。正如上文所说，鉴于近代以来中国抵抗侵略战争的屡屡失败，鉴于西方殖民侵略程度的日渐加深，一些精英知识分子开始思索救国之路，同时越来越多的普通百姓也不得不思考“覆巢之下焉有完卵”的问题，不管是出于上述哪种考虑，总之，对国家前途命运的担忧汇聚了中国人民的意志和共识，爱国的价值取向由此开始初步形成。与此同时，无须赘述，要求民族平等、民族自由，也使平等、自由、富强、民主、文明等价值取向逐渐成为中国人民共识。也正是这些价值取向，才推动着中国人民主动地去看世界，主动地去向别国学习，也才在潜移默化中在经济社会各方面艰难地推动着中国的进步，其更成为推动中国人民最终找到实现民族独立道路和为维护民族独立不懈奋斗的精神源泉。

在上述教学叙事基础上，我们最后可向学生进行明确的交代：回顾近代以来中华民族追求与维护民族独立的历史不难发现，面对西方侵略对国家和个人发展造成的巨大危害，国家的前途命运成为中国人民共同忧虑的问题，而外族的欺压也使中国人民强烈地渴求自由、平等、公正，并使越来越多的中国人民认识到，没有整个民族的自由，整个民族都没有对外得到平等、公正的待遇，那么个人的自由、平等权利就得不到根本保障。爱国主义思想的油然而生，推动着富强民主成为中国人民的共同追求，正是这种追求，推动着中国人民为民族独立之路进行不懈探索，并在实现民族独立之后，继续激励着中国人民为维护民族独立进行不断地奋斗。

三、以历史事实回击“革命误国”

“革命误国”是近年来甚嚣尘上的一种论调，是当前历史虚无主义思潮最为典型的表现，危害也最大，其核心思想就是否定中国共产党的革命和执政历史，进而否定党的领导。所谓“革命误国”，即认为近代以来中国本来已经朝着近现代化的方向发展，但是中国共产党领导的新民主主义革命打破了这一历史进程。这种论调宣称，自近代以来，虽然中国频遭外国侵略，但是晚清政府一直致力于将外敌入侵所带来的损失降到最低，与此同时也一直在力所能及地推动中国经济社会的发展进步。最典型的例子就是洋务运动。这种论调提出，以洋务派为代表的中国精英政治群体，一方面为维护中国边疆稳定做出了不可磨灭的贡献，另一方面也在竭尽所能地寻找“自强”“求富”的办法。他们强调整顿内治，大规模地平肃冤假错案，整治贪腐，减轻民负，发展经济，以期克服国家财政困难情况。继而更大规模地建造大型工矿企业，发展近代工业，兴办教育事业，以西方先进的军事管理理念和武器装备来改造中国的军队，建立“新军”。最后，他们还大力兴办民用工业，一方面推动中国经济发展，另一方面也为尽快提升中国国力提供资金支持。只是旷日持久、此起彼伏的农民起义，牵扯了他们太多精力，也破坏了中国的经济。

继此之后，“革命误国”论者又进而肯定变法维新。这些人宣称，变法维新是中国走向近现代化的最好途径。因为其一方面避免了暴力革命可能带来的巨大经济破坏乃至社会倒退，另一方面这种方法又以顶层设计的方式对中国采取西方先进的政治社会管理模式进行统筹架构，避免了地方探索的盲目性。虽然变法维新由于清廷顽固派的阻挠而失败，但这种理念恰恰是被晚清政府继承了下来。20 世纪初期的“清末新政”，实际上是变法维新的继续，而且推进的力度更大。例如，其中的教育革新、司法革新措施，都是符合近代化精神的。这种论调宣称，尽管辛亥革命暂时性地打断了这一进程，但我们今天所说的辛亥革命的不彻底恰恰是使这种变法维新的理念得以进一步地延续下去。“南北议和”避免了中国进一步陷入内战的深渊，使政府得以统一力量，一方面进一步维护边疆稳定，另一方面则投入更多力量以改良的方式逐步地推进中国的经济社会进步。这种论调宣称，纵观整个中国近代史，无论是晚清政府、北洋军阀政府还是国民党政府，都在努力地向西方学习，为中国的现代化进程做着实在的努力。但是中国共产党领导的新民主主义革命，一方面使中国陷入内乱，牵扯了政府的很多精力，另一方面中国共产党的成功夺取政权，又以其革命的彻底性恰恰使中国的现代化进程戛然而止，使中国走了很多的弯路。这归根结底就是“革命误国”。这种论调猖狂地叫嚣，我们现在大力弘扬的社会主义核心价值观，根本不是社会主义的题中应有之义，而恰恰是近代以来历届中国政府的不懈追求，且恰恰是我们党执政以后在阻碍这些价值取向。

由上述可见，“革命误国”论最为体现了历史虚无主义思潮的危害性。一方面，它体现出历史虚无主义思潮最为迷惑人的地方，即这种思潮很多时候貌似有根有据，而其得出的结论又与我们对若干重大历史问题的定论相去甚远，导致受众的思想混乱。另一方面，其又将矛头直接对准我们党的领导，妄图否定我们党的革命和执政历史，进而根本否定我们现时和未来坚持中国共产党的领导的重要性。之所以出现这种情况，原因有很多，但我们的教学工作确实也有值得反思的地方。长期以来，我们在着重强调中国近代以来的革命斗争历程的同时，相对忽略了对近代以来中国治国理政方面探索的交代和评价，说服力不足。而对新中国成立以后的历史，我们又重点强调的是改革开放以来历史（即“后三十年”），却相对忽略了对改革开放以前历史（即“前三十年”）的叙事交代，特别是没有缜密、全面地向学生交代我们在探索中出现挫折的复杂背景和原因，以致为历史虚无主义思潮的泛滥提供了土壤。凡此种种都提示，我们应针对这些历史虚无主义思潮，对近代以来我们探索治国理政方式的历程再加以缜密的教学叙事，以期彻底驳斥“革命误国”论的荒谬性。

毫无疑问，如何治国理政是任何政权都无法回避的基本问题。近代以后中国的历届政权都必须探讨这个问题，近代以前亦然。而近代以后的相关历史进程之所以特别有考察的必要，归根结底在于它关系到中国如何走向近现代化的问题。实事求是地说，我们固然不能说自近代伊始，中国政府就完全具备了这种自觉意识，但其至少在客观上一直积累着这方面经验。对此，我们在教学叙事中首先要着重提及的自然是洋务运动。秉持历史的态度，我们从来不否认历朝历代、各个历史时期都有积极进行国家治理方式探索的政治精英。问题在于这些政治精英能在多大程度上影响到历史的进程。以李鸿章、曾国藩、张之洞等为代表的洋务派，为中国的近代化进程做出了巨大的贡献，这点毋庸置疑。但是否就由此带来了所谓的“晚清中兴”，这是颇值得探讨的问题。洋务派的一切作为归根结底是为维护清政府的统治。然而事实表明，尽管有着为数不少的忧国忧民的实干官员，但晚清治下的整个权力运行状况已经违背了中国近代化的需求，这是不争的事实。对外，历次中国抵抗侵略的战争中，军事和地方主官消极畏战甚至出卖国家利益的情况比比皆是。对内，贪腐堕落、鱼肉百姓的贪官庸官更是不胜枚举。特别是清朝最高统治者的昏庸无能，更是决定了仅靠少数精英官僚的努力，根本无法扭转清朝统治的颓势。对此，中日甲午战争就很能说明问题。由这场战争所反映出的，不仅是清朝官员的意志颓废，更深刻地折射出了清朝治下在国防建设、国家发展理念等方面的严重混乱和滞后。这与日本政权的励精图治形成了鲜明对比。即便是清末新政，也根本未触及其时中国封建政权的统治根基。总之，整个晚清政府治下，尽管中国在国家治理的近代化方面已经积累了不少经验，但不去触及中国封建式的权力运行体制，则中国对外不可能实现民族独立，对内就没有引导中国彻底走上近代化的政治保障。

中华民国时期也是同样问题。我们说辛亥革命不彻底，在以前的教学工作中着重强调的是它没有从根本上推翻封建的经济社会制度。而现在我们从治国理政的角度来看，主要还是其政治生态的问题。大量史料可以证明，其时整个官僚体系实际上仍是晚清政府的延续。民国时期的官僚群体仍旧是代表着地主阶层的利益。在北洋军阀时期，很多中央高层官员和地方官员本身就是封建军阀，其他的中央和地方官员也仍旧与晚清时期的地主阶层保持着各种各样、千丝万缕的联系。他们缺乏推动中国社会根本转型的动力。在北洋政府治下，固然政府在机构设置、制度设计方面极力向西方靠拢，也不乏饱读西学的知识分子官僚。但因为整个官僚体系仍旧封建化，其顶层设计就根本不具备真正贯彻落实的政治环境。更不要说在北洋军阀治下，中国只是形式上的统一，封建军阀式的政权组织形式决定了中国在实际上连晚清时期那种政令通达各方都做不到。这种情况到了国民党政府统治时期也没有根本改变。在国民党政府统治时期，中国仍旧只是形式上的统一，中央政令所能影响的范围极其有限。在国民党政府治下，中国的整个官僚体系实质上仍旧是晚清政权的继续。中央政府缺乏掌控全国政局的政治和财力支持，只能加紧投靠西方列强。而地方官僚各自为政，一方面为西方列强进一步渗透提供了条件，另一方面，也使中央的顶层设计沦为空谈。更不要说其时以蒋介石为代表的中国最高统治阶层也仍旧是大地主、大官僚的利益代言人。这些人的势力正是在晚清以后快速壮大起来的，中国半殖民地半封建的社会状况恰恰是其势力坐大的土壤，其自身又如何具有推动中国社会根本转型的动力呢？

毋庸讳言，要实现中华民族的伟大复兴，仅仅有物质文化产品数量的极大丰富是远远不够的，归根结底还是要实现中国社会的（近）现代化转型，从其现实性上，最重要的就是要实现国家治理能力的现代化。诚然，就中国的情况来看，正如近代以来中国历史所呈现给中国人民的，中华民族伟大复兴的实现有一个根本无法绕过的前提条件，那就是必须首先实现中华民族的独立。这是我们长期以来教学工作所重点强调的问题，且正是立足于这个根本前提，我们说在新中国成立以前，历届中国政府就实现中国富强的种种探索终归难逃失败的命运。问题在于，这毕竟属于后知后觉，是我们经历这段历史之后总结经验教训方得出的结论。而历史的发展不仅有阶段性的一面，也有连续性的一面。我们不能否认，新中国成立以前历届中国政府的相关探索是在为我们后来的治理探索不断地积累着一些具体经验。对这个问题的历史交代是我们长期教学工作中所欠缺的，又恰恰是近年来相关研究走向深入所频繁呈现的。如果在教学工作中对此问题不加以体现，将会使学生质疑我们教学结论的可信度。我们强调现时结合培育和践行核心价值观来开展“中国近现代史纲要”课程教学，应注意对新中国成立以前国家进行治国理政探索历史过程的梳理，绝不是说要推翻我们对相关重大历史问题的结论，而是说应该开辟新的视角、从更为具体的一些层次来论证为什么说新中国成立以前的相关探索注定要失败，也只有这样才能够更为有力地支撑我们的既有结论。而这里所谓的新的视角或更为具体的一些层次，主要就是指政治生态问题。我们通过上文的历史回顾已经不难发现，从近代以来直至新中国成立前，中国的合法政权虽几次更迭，但其官僚体系并未发生根本改变，仍旧是封建性的。虽然中央不断进行有关改善国家治理能力的革新探索，比如进行新政、司法改革，按照西方模式架构一些行政、议事的机关和制度，但其推行得不到地方各级官僚体系的认可和支持，终归是只能停留于外壳和文本。当然，更为重要的是，历届中国政府的上述工作，客观上使民主、平等、公正、法治等价值理念在社会层面得以更为广泛的传播，使很多进步知识分子认识到了，要真正实现这些价值理想，不能依靠既有政权，而是要推翻它。也正是从此意义上说，新中国成立前历届中国政府就提升治国理政能力以维护其政权统治的探索，反而推动很多国人认识到了只有首先推翻其政权统治，才能真正推进中国的社会进步，使民主、平等、公正、法治等价值理念得以真正地实现。正是越来越多的中国人民就此问题达成统一认识，才使有关实现国家富强复兴的庸俗进化论逐渐退出了历史舞台，中华民族开始集中注意力探索取得民主革命的成功之路。最终，中国共产党找到了正确的道路，那就是进行新民主主义革命。由此可见，正是新民主主义革命的成功，才为真正实现中国社会的（近）现代化转型奠定了重要基础，又怎么能说“革命误国”呢？

当然，新中国的建立，只是为实现中华民族的伟大复兴奠定了基础，中华民族的伟大复兴不会因此就自动实现。我们常说建设一个新国家比推翻一个旧政权要更为艰难。从中华民族探索国家治理方式的探索历程来看，我们也可以说，取得民族独立固然非常艰难，但如何才能更好地治国理政却是更为艰难。回顾新中国成立以来的历史，我们在这种探索中经历了很多困难，遭遇了很多挫折，甚至走了很多的弯路，在一定的历史时期内，拉大了与一些国家的发展差距。但这都是我们这样一个幅员广阔、人口众多、历史情况复杂的大国在探索过程中很难避免的过程，没有这样的失误，就可能有那样的失误。我们应当引导学生更为深刻地认识这一问题。之前的教学工作中，我们所重点强调的是，党在这一探索过程中，认识到了照抄照搬别国（原苏联）模式无法将我们带向民族复兴。其实我们还应更进一步，即：使学生认识到，照抄照搬原苏联模式行不通，照抄照搬西方模式也行不通。在新中国成立以前，由于西方的殖民侵略和对中国经济政治的控制，我们进行有关国家治理能力的西式改革必定不会成功。而在新中国成立以后，中国彻底打破了固有的封建官僚体系，为实现国家民族富强奠定了坚实的政治保障，西方列强更为担心中国的崛起，更会想方设法阻止中国的发展进步，因而中国进行西式改革更行不通。也正是从上述意义上说，我们强调探索中华民族的伟大复兴之路必须从中国国情出发，不仅指向了中国自身的情况，也指向了中国所处的国际环境。

综上所述，所谓“革命误国”论根本站不住脚。而新中国成立以后我们虽在探索治国理政方式上走了弯路，但由于中国共产党带领全国人民对此问题进行了非常深刻的总结，就成功地避免了中国再走入其他弯路——特别是走入照抄照搬西方模式的弯路。也正是从此意义上说，我们现时所要求大力弘扬的核心价值观，既不同于原苏联模式，也不同于西方理念，它是近代以来中华民族在追求和维护民族独立、在不断探索治国理政方式的历史进程中所得出的必然结论，也是我们深刻回顾这一历史进程所收获的最为重要的启示。它是中国特色社会主义道路的精神内核，自觉地培育和践行社会主义核心价值观，是我们坚定不移走中国特色社会主义道路的重要体现，也是我们实现中华民族伟大复兴的根本保证。

第四节　大学生社会实践工作的改革创新

一、从哲学教育实践的意义上认识和定位大学生社会实践工作

马克思主义认为：“全部社会生活在本质上是实践的。”[①] 这揭示了人的本质。也就是说，人的存在本身就是实践性的。没有实践就没有人的存在，实践更构成了人的存在。对青年大学生来说，不仅我们惯常意义上所说的有组织的大学生社会实践活动是青年大学生的实践，而且青年大学生一切有意识或无意识的学习、思考和行为本质上都是实践活动。

---

① 马克思恩格斯选集（第 1 卷）[M]. 北京：人民出版社，1995：56.

不过，人类有意识的社会实践，特别是生产实践、社会交往实践和科学探索实践对人自身和人类社会整体的发展进步起到最为关键的作用。首先，主要由于这些社会实践活动的持续进行，使社会实践成为人类现实社会统一的物质基础。其次，主要由于这些社会实践活动的持续进行，使社会实践成为改造人自身的主要方式。在这些社会实践活动中，一方面，人们必须正确地认识和理解自己；另一方面，人们又必须客观地理解和把握外界客体，不断地积累和总结实践经验。因而“人在丰富多彩的实践活动中，不但现实地运用自己的本质力量，而且也日益充实和丰富着自己的本质力量”①。实践活动使人“把自己的生活活动本身变成自己意志的和自己意识的对象”②，并且“通过改造主体使主体自身凝结和体现着客体及其实践活动的客观逻辑，从而丰富和发展主体自身”③。再次，主要由于这些社会实践活动，才使我们赖以生存的现实社会统一于社会实践，抑或者说，才有我们赖以生存和发展所必需的现实社会本身。更为重要的是，正是由于人类的生产实践、社会交往实践和科学探索实践等社会实践活动，才推动人类社会历史不断发展进步：首先，社会实践提高人类认识社会的水平。正如恩格斯所说：“人的思维的最本质的和最切近的基础，正是人所引起的自然界的变化，而不仅仅是自然界本身；人在怎样的程度上学会改变自然界，人的智力就在怎样的程度上发展起来。”④ 其次，社会实践提高人类改造社会的能力。再次，社会实践改善人类改造社会的手段。人类从原始社会一路走到现代社会，无一不是人类社会实践水平不断提高的结果。仅就现时来看，互联网信息技术的飞速发展和普及对我们现在社会的影响和改变，那也是有目共睹的。

从上述意义上来认识开展大学生社会实践活动的重要性就不难发现：首先，开展大学生社会实践活动有利于我们更加深刻地认识高等教育在国家经济社会发展中的应有角色。无可否认，高等教育本身就是人类实践活动特别是社会实践活动（科学探索实践活动）的重要组成部分。然而正如恩格斯所

---

① 王永昌·实践活动论［M］. 北京：中国人民大学出版社，1992：112.

② 王永昌·实践活动论［M］. 北京：中国人民大学出版社，1992：46.

③ 王永昌·实践活动论［M］. 北京：中国人民大学出版社，1992：113.

④ 马克思恩格斯选集（第4卷）［M］. 北京：人民出版社，1995：329.

说："社会一旦有技术上的需要，这种需要就会比十所大学更能把科学推向前进。"[①] 这就提示我们，高等院校的教学和研究活动应当也必须和社会需求紧密结合起来，这样才能回应社会的需要，也才能为科学探索的实践活动注入不可或缺的强大动力。其次，开展大学生社会实践活动有利于青年大学生加深专业学习和专业研究成效。正如上文所说，人的存在本身就是实践性的。那些看似纯粹是人思维逻辑发展演变的产物，实际上都是实践活动作用的结果。对于青年大学生所学习的专业知识来说，即便是再抽象的思辨和知识信息，实际上也是人们现实实践经验的高度总结，归根结底也是实践性的。因而鼓励和组织大学生开展与所学专业相关社会实践活动，可以为提高大学生专业学习和专业研究能力提供重要帮助作用。最后，开展大学生社会实践活动有利于培育青年大学生的健全人格。古人云：读万卷书，行万里路。这揭示了社会实践对实现人的全面发展的重要作用。我们时常看到有的大学生，专业成绩十分优秀，然而与人沟通、交流的能力十分欠缺，甚至连一些基本生活常识都没有。甚至有的青年大学生，长期缺乏必要的社会实践和社会交往，性格孤僻抑或十分脆弱，经不起困难挫折。凡此种种，都需要将其置身在各种各样相应的社会实践活动中，培养健全人格和全面发展的能力。

仅从上述意义上来看，长期以来大学生社会实践工作就存在不少问题，特别是流于形式和作用异化的问题尤其值得关注。有的学校组织的大学生社会实践活动，不过是集体拍个照，抑或游山玩水。还有的学校组织的大学生社会实践活动，实际上成为学校与企事业单位的利益交换，这种情况在高职院校尤其值得注意。不过，更为重要的是，我们不能仅从上述意义来认识开展大学生社会实践活动的重要性。应当看到，我们进行大学生思想政治教育工作的根本目的在于，培养大学生自觉树立和运用马克思主义的世界观和方法论来认识和处理各种问题的能力。从此意义上说，马克思主义理论教育就是进行大学生思想政治教育社会实践的一种形式，而我们惯常意义上所说的社会实践，则成为培养大学生自觉树立和运用马克思主义的世界观和方法论来认识和处理各种问题能力的另一重要抓手。从此意义上说，我们固然不能

---

① 马克思恩格斯选集（第4卷）[M]. 北京：人民出版社，1995：732.

要求一切大学生社会实践活动都必须明确凸显马克思主义世界观和方法论教育的目的，更不用说一切行之有效的社会实践活动也都在有意无意间向大学生进行着某种程度上的马克思主义世界观和方法论的教育。但是，这并不意味着我们不需要开辟一系列主题明确的马克思主义教育社会实践活动，更不意味着我们不需要加强在一切社会实践活动中进一步强化进行马克思主义理论教育的自觉意识。

而从这个意义上看，我们长期以来大学生社会实践工作的问题就更加凸显出来了。首先，由思想政治理论课教学部门组织的一些主题明确的马克思主义理论的教育实践活动，实际上只是把思想政治理论课教学内容单纯机械地从课堂挪到了课堂外部而已。如在“中国近现代史纲要”课程中开展有关中华民族抗战的社会实践活动，如果仅仅局限于把大学生从课堂中带到抗战纪念馆或一些重要战役战场旧址，然后在那些地方再把我们原本计划在课堂上讲述的内容原封不动地再给学生讲一遍，这有什么明显的社会实践意义呢？再比如对于“马克思主义基本原理”或“毛泽东思想和中国特色社会主义理论体系概论”课程来说，如果仅仅单纯局限于将大学生带到工业企业现代化的生产线上，而后就说改进劳动生产方式、深化改革开放的重要性，恐怕也不会对学生产生明显的触动，更奢谈大学生由此就可以自觉培育和践行社会主义核心价值观了。其次，由学校里学生工作部门、团学系统等相关职能部门或组织主办的主题明确的马克思主义理论教育实践活动，很多只是单纯的应景和形式之作，实际上与马克思主义理论教育实践无甚关联。再次，高校里各个职能部门或专业院系普遍存在着轻视马克思主义理论教育实践重要性的问题。特别是各专业院系组织的社会实践活动，不仅严重缺乏主题明确的马克思主义理论教育实践活动，而且在其专业性或其他各类社会实践活动中，也很少注意引导学生如何通过实践活动来认识马克思主义原理的科学性，以及在实践活动中培育和增强依靠马克思主义世界观和方法论来认识和处理各种实际问题的能力。最后，由高校和各地党政主管部门共同主办的部分大学生社会实践活动，也普遍存在着缺乏主题明确的马克思主义理论教育实践活动的问题。更值得关注的是，改革开放新时期以来形成的大学生社会实践活动工作机制，在一些地方已经趋向于成为权力寻租的危险。于是，一些青年大学生纯粹将进行相关社会实践和社会服务工作作为升学就业的砝码。照此下去，不要说青年大学生无法通过这些社会实践活动增长才干和马克思主义修养，其实这本身就是对社会主义核心价值观的违背。

正是基于马克思主义哲学教育实践这一大学生思想政治教育工作的根本使命，并依此意义上来审视当前大学生社会实践工作中所存在的如上问题，提示我们应当进一步明确大学生社会实践工作必须将马克思主义理论教育实践作为首要和根本的任务。具体而言，一方面，我们应当明确，开展大学生社会实践活动特别是主题明确的马克思主义理论教育实践活动，是培育和增强大学生依靠马克思主义的世界观和方法论来认识和处理各种实际问题的重要抓手。另一方面，大学生社会实践活动的开展必须围绕培育和增强大学生依靠马克思主义的世界观和方法论来认识和处理各种实际问题这个中心，而不能须臾离开这个中心。这不仅要求有计划且切实有效地开展主题明确的马克思主义理论教育实践活动，更要求在其他各类大学生社会实践活动中都切实有效地坚持和贯彻这一根本指导思想。

二、改革创新大学生社会实践工作的具体路径

具体来说，当前基于马克思主义哲学教育实践这一开展大学生社会实践工作的根本使命，依照文化哲学的研究方法，呼应马克思主义理论教育，实现以马克思主义的世界观和方法论对青年大学生整个精神世界的全面和彻底观照和指导，我们改革创新大学生社会实践工作就要着重探索和完善下列具体路径。

第一，坚决彻底贯彻马克思主义理论对大学生各类社会实践活动的根本指导作用。在社会实践活动的组织和具体进行过程中，把马克思主义理论及观察和改造客观世界的有力武器——马克思主义的立场、观点和方法传授给大学生，使青年大学生在各类具体的社会实践活动中，自觉且直接地运用马克思主义理论及其立场、观点和方法，在社会实践的基础上使作为实践主体的青年大学生将马克思主义理论内化为其思想观念的一部分，更确切地说，是内化为其精神世界的根基，增强其运用马克思主义立场、观点和方法去认识和参与改造自然世界和人类社会的自觉性，提高青年大学生的思想政治素质和政治觉悟，在马克思主义理论教育和社会实践的双重作用下，使青年大学生自觉为中国特色社会主义建设事业而努力奋斗。

第二，切实将社会实践作为检验大学生思想政治教育工作成效的标准。必须明确，大学生思想政治教育工作的对象就是大学生本身，大学生思想政治教育工作的成效如何，归根结底必须通过考察大学生是否提高了利用马克思主义的世界观和方法论来认识和处理实际问题的能力来验证。而大学生是否具备了这种能力及是否提升了这种能力，归根结底不能看他掌握了多少马克思主义理论的书本知识，而是要看他在社会生活中的实际言行表现。如果青年大学生接受思想政治教育工作后，在社会实践中表现出了较高的思想政治素质，达到了我们进行大学生思想政治教育工作的预期目标，那就证明我们的思想政治教育工作达到了预期的成效；反之则不然。

第三，统筹各类青年发展资源，持续开辟创新青年大学生参与社会实践的条件和平台。具体而言，首先就是继续给予政策支持。国家要加强制定完善有关青年大学生参加社会实践活动的专门政策，这些政策应明确国家、学校（单位）、家庭、青年大学生自身、实践基地等各方面的责任和义务。其次是要加大物质投入。应当看到，参加社会实践需要凭借一定的实践工具和实践手段，需要有相应的社会实践基地建设，这些都需要相应的经费投入来保障。为了使各类大学生社会实践活动的顺利开展，党政相关职能部门、学校、单位和实践基地应设立专门的实践活动经费。再次，要改革完善鼓励和引导青年大学生参加社会实践的方式方法。①

第四，继续整合完善主题明确的大学生马克思主义理论教育实践活动形式。一是继续整合完善重大节庆活动、重大历史事件纪念活动和升国旗等教育实践活动形式，通过这些活动，培养大学生热爱祖国、热爱人民、热爱社会主义、热爱中国共产党的思想感情。二是继续整合完善各种参观访问形式，例如参观革命纪念馆、领袖故居、革命旧址、烈士陵园等，参观英雄模范先进事迹展览、各方面建设成就展览、重大工程如红旗渠、三峡工程、青藏铁路、卫星制造发射基地等，访问老红军、老干部、老工人、劳动模范、先进工作者等，通过参观访问，使青年大学生直观、形象地了解中国革命和建设的伟大历程和辉煌成就，近距离地学习老一辈革命家和当代英模身上所

---

① 王学俭. 现代思想政治教育前沿问题研究［M］. 北京：人民出版社，2008：52-57.

体现的革命精神和优秀品质，坚定建设中国特色社会主义的崇高理想信念，激发为社会主义建设和人类解放建功立业的热情和决心。三是继续整合完善各类社会调查形式。组织大学生结合自己的学习、研究，有计划地开展各种形式的专题调查研究。通过调查研究，全面深入地了解社会各个方面的现实情况，总结推广群众创造的新经验，同时发现存在问题，分析原因，研究解决办法，以此促进大学生思想认识和分析能力的不断成熟。四是继续整合完善大学生开展各类社会服务活动的形式。如组织大学生参加社会公益活动，开展青年志愿者活动，参加献爱心活动、文化科技卫生三下乡活动、义务劳动、募捐活动等。

第五，着力增强大学生社会实践工作者的实效意识和实效能力。要通过建立健全相关领导和监督制约体制机制，促使社会实践工作的组织者精心策划、精心组织，从具体的教育目的和内容出发，选择最合适的具体形式，因地制宜，丰富多彩，有自己特色，能够吸引大学生自觉自愿参加，切忌千篇一律。通过着力增强大学生社会实践工作者自身的实效意识和实效能力，带动大学生树立教育实效性观念，自觉抵制应付差事的消极态度。①

---

①　平章起，梁禹祥．思想政治教育基本理论问题研究［M］．天津：南开大学出版社，2010：272.

第三章

充分发挥团组织的重要作用

高校是国家重要的人才基地，大学生是国家宝贵的人才资源。大学生除了要具备科学文化知识之外，还需要较高的思想道德素质，只有这样才能成为中国特色社会主义事业的合格接班人。加强对大学生的思想政治教育，除了课堂主渠道之外，还需要发挥高校团组织的重要作用。共青团是党的助手和后备军，高校共青团是团结、教育广大青年大学生的重要力量。高校共青团在对大学生开展思想政治教育过程中，积累了许多工作经验，取得了许多工作成果，同时也出现了一些问题。因此，应当从历史的角度剖析共青团在历史进程中的地位、作用，明确高校共青团的职能，分析出现问题的原因，采取积极的行动，不断开拓创新，通过丰富多彩的活动，提高对大学生思想政治教育的实际效果。

第一节　共青团职能概述

一、共青团的概念

广义上的“共青团”是“共产主义青年团”的简称，狭义上的“共青团”特指“中国共产主义青年团”。自从 19 世纪 40 年代无产阶级政党出现以来，无产阶级在政治生活中的作用和地位越来越重要。政党政治是资产阶级革命的产物，而共青团是政党政治的产物。为了自身发展的需要，无产阶级政党需要发展青年力量作为自己的战略性储备，而共青团的出现就满足了共产党的这个需求。在我国，《中国共产主义青年团章程》规定“中国共产主义青年团是中国共产党领导的先进青年的群众组织，是广大青年在实践中学习中国特色社会主义和共产主义的学校，是中国共产党的助手和后备军”，这也就明确了共青团的定位。

二、共青团的产生和发展

近代青年政治组织的产生和发展，经历了近两百年的发展，大致经历了以下几个时期。

第一，萌芽时期。1815 年，德国耶拿大学生协会诞生，青年们通过这一组织表达诉求、呼吁变革，催生了一种新的政治现象——学生运动的产生。当然，这一时期的青年政治组织处于自发的状态，没有严密的组织，也没有科学的理论指导，不能作为真正的社会政治力量。

第二，拉开序幕。马克思主义的诞生，解决了青年组织思想的混乱和庞杂，使青年政治组织有了科学理论的指导，拉开了青年组织力量推动社会进步的序幕。1847 年 6 月，在英国伦敦召开了正义者同盟第一次代表大会，并将同盟改名为“共产主义者同盟”。五个月后，“共产主义者同盟”第二次代表大会召开，并通过了《共产党宣言》，为世界范围内青年运动的蓬勃发展提供了思想理论保证。

第三，发展壮大时期。1848 年，欧洲革命失败，这一时期欧洲的资本主义还处于上升时期，经济迅速发展，青年工人的数量也不断增加，队伍不断壮大。1857 年，第一次世界经济危机爆发，激化了无产阶级与资产阶级的矛盾，工人运动和学生运动也走向了高潮。19 世纪中后期，随着第一国际和欧洲各国群众性的无产阶级社会主义政党的出现，青年运动得到了推动，青年的思想觉悟得到了提升。

第四，建立独立组织时期。1907 年 2 月，卡尔·李卜克内西在《军国主义和反军国主义：特别就国际青年运动加以考察》中提出了建立独立的青年组织的思想。1907 年 8 月 24 日至 26 日，社会主义青年组织第一次代表大会在德国斯图加特召开，这次大会标志着社会主义青年组织的诞生。1915

年4月5日至7日，在瑞士青年的组织和召集下，国际社会主义青年代表会议在伯尔尼举行，会议讨论了战争、社会主义青年任务，成立共产主义青年国际，创办《国际青年》杂志，在瑞士设立共产主义青年国际执行局，对革命中的青年的国际联系有着重要的作用。

第五，发展新阶段。19世纪70年代后，经过工业改革之后的俄国，经济迅速发展，国内的工人青年运动也进入到了新的发展阶段。1898年，俄国社会民主工党召开第一次代表大会，提出要把政治任务和青年工人运动的任务结合起来。1906年，列宁指出："我们是未来的党，而未来是属于青年的。我们是革新者的党，而青年总是乐于跟着革新者走的。我们是跟腐朽事物进行忘我斗争的党，而青年总是首先投身到忘我斗争中去的。"[①] 在俄国布尔什维克党的直接领导下，俄国陆续成立了社会主义青年联合会等青年组织，这些青年组织的建立，推动了青年运动的发展，也为俄国十月革命的胜利创造了有利的外部条件。1917年，布尔什维克党人在彼得格勒成立了社会主义工人青年团。同年，举行了俄社民党（布）第六次代表大会，会上强调，青年团应当是社会主义类型的群众政治团体，必须在布党领导下对青年群众宣传社会主义思想。大会否决了托洛茨基分子关于青年团的建立不必与布党取得联系的建议。代表大会主张建立与布尔什维克党密切联系并在布尔什维克党领导下工作的青年群众组织[②]。这次大会通过的《关于青年团》的决议指出："目前，正当工人阶级的斗争已经进入了直接为社会主义而奋斗的阶段，帮助（建立）阶级性的社会主义工人青年团体乃是当前最迫切的任务之一。因此，责成党的各级组织必须对这一工作给予最大限度的注意。"[③] 此外，会议做出了关于成立一个组织和领导社会主义青年团的指导员训练班的决定，为共青团的建立准备了条件。[④] 这次会议之后，各地分散的共产主

---

① 列宁全集（第十四卷）[M]. 北京：人民出版社，1988：161.

② （苏）米哈依洛夫. 苏联列宁共产主义青年团 [M]. 北京：人民出版社，1953：10-11.

③ 联共（布）历次代表大会、代表会议及中央全会的决议和决定编（1）[M]. 莫斯科：苏联国家政治书籍出版局，1941：263.

④ （苏）米哈依洛夫. 苏联列宁共产主义青年团 [M]. 北京：人民出版社，1953：10-12.

义青年团开始联合。1918 年 10 月 29 日，在俄国共产党（布尔什维克）的领导下，工农青年团全俄第一次全国代表大会胜利召开，宣告俄国共产主义青年团成立，创建了历史上第一个在共产党领导下的先进青年群众组织。

第六，迅速发展时期。共青团产生初期在欧洲迅速发展，但是由于没有无产阶级政党的领导，缺乏统一的思想核心，力量分散，效果不佳。1919 年，共产国际第一次代表大会在莫斯科召开。在共产国际的指导下，各国青年组织团结起来，成立了青年共产国际。青年共产国际的成立，极大地促进了共青团的建立和发展。1920 年 6 月，青年共产国际国际局第一次会议在柏林召开，会议明确了共青团与共产党的关系，规定了共青团要承认本国共产党的纲领，与本国共产党建立密切联系，同时还要保持组织上的独立性。

20 世纪初，社会主义革命风起云涌，俄国社会主义青年团和青年共产国际也在这一时期迅速崛起，极大地鼓舞了欧亚地区各国青年。十月革命的胜利，更是给古老的中国送来了马克思主义。1919 年，中国爆发了轰轰烈烈的五四运动，这是一场彻底的反帝反封建的爱国运动。而这场运动的先锋和主体，就是接受了进步思想的 3 000 多名爱国学生。五四运动很快遍及全国，各地的许多青年知识分子纷纷成立各种进步组织，有力地推动了五四运动的胜利。1920 年，共产国际派到中国帮助建党的代表维经斯基在指导建党的同时，还根据俄国建团的实际情况，向陈独秀介绍了俄国共产主义青年团的基本情况，并一起筹划建立青年团，作为共产党的后备军。中国共青团早于中国共产党产生，客观上对中国共产党的成立起到了思想和组织上的准备作用。

由此可见，共青团的产生和发展始终“同工人运动及其共产主义先锋队紧密地联系在一起”[①]。因此，先进性和政治性是共青团区别于其他组织的鲜明特征。这种思想取向和组织风格也决定了共产党选择共青团作为自己力量来源的历史必然性。

三、共青团思想政治教育

思想政治教育是指一定的政党或阶级，为了达到自己的政治目的，用本

---

① （美）扎格拉金. 世界共产主义运动［M］. 北京：中国人民大学出版社，1987：289.

阶级的思想去教育广大社会成员，使其接受它并转化为个体的思想，从而支配人们自觉地去行动的活动。①

共青团是共产党领导下的先进青年组织，是党的助手和后备军，对青年思想进行引领，使之自觉履行现阶段党的路线、方针、政策，对党的事业继往开来有着重要意义，因此对共青团的思想政治教育是思想政治教育的重要内容。《中国共产主义青年团章程》指出："中国共产主义青年团在现阶段的基本任务是：高举中国特色社会主义伟大旗帜，坚定不移地贯彻党在社会主义初级阶段的基本路线，以经济建设为中心，坚持四项基本原则，坚持改革开放，用社会主义核心价值体系教育青年，在建设中国特色社会主义的伟大实践中，造就有理想、有道德、有文化、有纪律的接班人，不断巩固和扩大党执政的青年群众基础，努力为党输送新鲜血液，为国家培养青年建设人才，团结带领广大青年，自力更生，艰苦创业，积极推动社会主义经济建设、政治建设、文化建设、社会建设，为全面建设小康社会、加快推进社会主义现代化贡献智慧和力量。"② 因此，履行好共青团的政治职能，离不开对青年的思想政治教育。

四、高校共青团思想政治教育

1. 高校共青团思想政治教育的内涵

高校共青团思想政治教育，是指高校共青团在党委的领导下，围绕高校的育人目标，在丰富多彩的实践活动中实现思想政治教育目的，并使之内化为团员青年思想素质的活动。③ 高校共青团的思想政治教育，除了具备共青团思想政治教育的一般特点外，还受我国的教育方针、大学生群体的特点等因素的影响。新中国成立以来，尤其是改革开放以来，应对新情况、新变化、新问题，我们党在继承基础、总结经验的过程中，提出了一系列重大理论思想，对高校共青团的思想政治建设提供了理论支持。高校共青团思想政

---

① 罗洪铁，董娅. 思想政治教育原理方法基础理论研究［M］. 北京：人民出版社，2005：20.

② 中国共产主义青年团章程［M］. 北京：人民出版社，2008：2.

③ 李顺. 高校共青团思想政治教育现状与对策研究［D］. 重庆：西南大学，2009：16.

治教育工作的根本任务是：以马列主义、毛泽东思想、邓小平理论、“三个代表”重要思想、科学发展观和“四个全面”战略布局为指导，全面落实党的教育方针，充分发挥共青团在教育以及团结和联系大学生方面的优势，使得大学生能树立正确的世界观、人生观、价值观和荣辱观，努力培养德智体美全面发展的社会主义合格建设者和可靠接班人。高校共青团思想政治教育的主要任务是以理想信念教育为核心、以爱国主义教育为重点、以思想道德建设为基础、以大学生全面发展为目标。①

2. 高校共青团思想政治教育的具体内容

（1）理想信念教育

理想信念教育是高校共青团思想政治教育的核心内容。2013 年 6 月 20 日，习近平总书记在同团中央新一届领导班子成员集体谈话时强调，团的工作要把握住广大青年的脉搏。要提高团的吸引力和凝聚力，关键是要高举理想信念的旗帜。共青团要做好青年思想引导工作、增强吸引力和凝聚力，必须站在理想信念这个制高点上。只有思想上精神上的吸引力和凝聚力，才是内在的强大的持久的。共青团要努力帮助广大青年树立远大理想，坚定走中国特色社会主义道路的人生信念，用科学的理论武装青年，用历史的眼光启示青年，用伟大的目标感召青年，用光明的未来激励青年，使他们不断增强道路自信、理论自信、制度自信，不断增进对党的信赖、信念、信心。青年大学生是国家的未来，青年时代树立远大理想，人生的道路就会越走越宽广。要用马克思列宁主义、毛泽东思想、邓小平理论和“三个代表”重要思想、科学发展观和“四个全面”战略布局占领高校团员思想政治教育的阵地，坚定共青团员的社会主义理想信念，在理论和实践的结合上引导他们正确认识社会发展的客观规律，树立正确的世界观、人生观、价值观，自觉抵制西方资产阶级腐朽思想的侵蚀。

（2）爱国主义教育

爱国主义是民族精神的核心，对高校青年学生进行爱国教育，是共青团思想政治工作的重要内容。江泽民同志在党的十四届六中全会上指出：“为

① 李璞. 高校共青团思想政治教育实效性研究［D］. 石家庄：河北师范大学，2011：6-7.

了把我们的事业继续推向前进，必须在全国人民特别是青少年中进一步加强爱国主义教育。我们坚持的爱国主义同狭隘的民族主义是有本质区别的。要使我们的人民懂得，坚持对外开放，认真学习世界各民族的长处，积极引进先进的科学技术和经营管理经验，增强我们自力更生的能力，加快祖国的发展，这本身就是爱国主义的重要内容。”[①] 爱国主义要以中华民族传统文化、近现代革命史、形势与政策等内容为主，使学生掌握中华民族传统文化的精髓，传承伟大的民族精神，了解革命历程的艰辛历程，提高民族自豪感，坚定建设中国特色社会主义的信心和决心，自觉把个人命运与国家民族命运紧密结合在一起，投身到实现中华民族伟大复兴的中国梦的伟大实践中。

（3）思想道德教育

道德品质培育是一个人道德品质形成和完善的过程，包括提高道德认识、陶冶道德情操、锻炼道德意志、树立道德信念、养成道德习惯。[②] 道德的力量是无穷的，品德高尚，青春才能担当。2014 年 5 月 4 日，习近平总书记在与北京大学青年学生座谈时指出：“道德之于个人、之于社会，都具有基础性意义，做人做事第一位的是崇德修身。这就是我们的用人标准为什么是德才兼备、以德为先，因为德是首要、是方向，一个人只有明大德、守公德、严私德，其才方能用得其所。”因此，高校共青团应当履行好对学生思想品德的教育。对学生思想品德的教育，要遵循教育规律，根据高校学生的年龄特点、认识能力进行。高校学生经过了十多年的基础教育，世界观、人生观、价值观已经基本形成，拥有一定的独立思考能力，因此思想品德应当上升到更高、更深的层次。同时，随着经济的发展和社会的进步，青年学生的思想观念和行为方式也在发生着变化，这就给高校共青团的思想政治工作带来了新的挑战。高校共青团要充分认识到思想政治工作的重要意义，把加强思想政治教育放在突出的位置来抓，引导广大青年学生树立与社会主义市场经济发展相适应的思想观念和行为方式，处理好个人与社会、竞争与合作、小我与大我之间的关系，倡导为人民服务的思想，学会劳动、学会勤

---

① 江泽民文选（第一卷）[M]. 北京：人民出版社，2006：582.

② 张耀灿，郑永廷，等. 现代思想政治教育学 [M]. 北京：人民出版社，2006：155.

俭，学会感恩、学会助人，学会谦让、学会宽容，学会自省、学会自律。

（4）综合实践教育

一个人的成才，不仅要有良好的道德品质，还要具有实践能力。青年的成才和进步应当是综合的、全面的。人的发展依靠基本素质的全面提高，包括科学文化素质、身体素质、心理素质、审美素质等方面。高校共青团要立足于这些素质的基本要求，与课堂内容相结合，为青年学生多层次、多侧面、多角度的文化熏陶提供舞台，促进学生的全面发展。通过开展不同形式的实践活动，使青年学生在活动中不断与不同经历、背景的人接触、交流，相互协作、共同配合，提高学生与周围社会和谐相处的能力，增强大学生处理各种复杂社会关系的能力。通过组织学科实践活动，例如师范技能大赛、数学建模大赛、机械设计大赛、电子设计大赛、创新大赛等活动，使大学生的各种潜能得到不断挖掘和提升。

第二节 新时期高校共青团服务大学生职能的演变及启示①

高校共青团作为学校教育的重要组成部分，在大学生思想政治教育过程中发挥了重要作用。新时期以来，如何开展共青团对大学生思想政治教育的新局面，是高校共青团组织和共青团干部必须认真思考的问题。随着社会主义市场经济体制的确立，共青团的工作理念和工作职能也在发生变化。

党的十一届三中全会以来，党和国家的经济重心转移到经济建设上，共青团的职能也伴随着这一改变发生着变化。1980 年初，共青团十届一中全会提出了“以四化为中心活跃团的工作”的指导思想，提出要“服从四化，服务四化，更自觉地把团的工作重心转移到经济建设上来”。在之后的共青团十届二中全会上，又把团的十大以来的工作经验总结为“一个中心，两个口号，四项基本工作”，即“以四化为中心活跃团的工作”，提出“争当新长

① 黄蓉生．改革开放 30 年大学生思想政治教育若干问题研究［M］．成都：西南师范大学出版社，2009：249-255.

征突击手”“做建设社会主义精神文明的先锋”的口号，始终把加强和改善思想政治工作放在领先的地位，把带领青年为四化贡献青春作为中心任务，把关心青年切身利益作为重要职责。这一转变，表明共青团的指导思想已经跟随党的指导思想发生了转变，初步形成了新时期也就是改革开放初期共青团工作的指导思想。

1982年9月，党的十二大正式提出“建设有中国特色的社会主义”的新命题。1988年，共青团十二大把共青团在新时期的指导思想明确概括为：贯彻党的基本路线，改革和活跃团的工作，代表和维护青年利益，努力培养“四有”新人，为建设有中国特色的社会主义英勇奋斗。这是第一次把“代表和维护青年利益”列为共青团的职能，并写入团的章程。1989年，《中共中央关于加强和改善党对工会、共青团、妇联工作领导的通知》充分肯定了共青团代表青年利益的职能，要求党的组织“支持工会、共青团、妇联在维护全体人民总体利益同时，更好地维护各自代表的群众的具体利益”。这也就使得共青团为青年服务有了党团的理论依据。

1992年12月，共青团十二届五中全会召开，会议将团的指导思想进一步系统化和理论化：在改革开放和经济建设的实践中培养有理想、有道德、有文化、有纪律的社会主义事业接班人。1993年5月，共青团十三大召开，共青团十三大报告把共青团任务概括为教育青年、带领青年、服务青年。这也是第一次提出“服务青年”的职能。

进入21世纪，党从加强执政的阶级基础和群众基础的战略高度，对共青团服务青年的工作提出了更高的要求。共青团十五大报告指出，团的根本任务是培育“四有”新人，首要任务是进行大学生思想政治教育，而大学生思想政治教育乃至整个高校共青团工作的出发点和落脚点就是服务青年、服务大学生。把服务大学生上升到一个新的理论高度。2004年，中共中央、国务院16号文件《关于进一步加强和改进大学生思想政治教育的意见》明确指出：“大学生思想政治教育队伍主体是学校党政干部和共青团干部，思想政治理论课和哲学社会科学课老师、辅导员和班主任。”2008年6月，共青团十六大指出：“各级团组织要从增强共青团在青年中的吸引力和凝聚力入手，切实做好组织青年、引导青年、服务青年和维护青年合法权益的工作。”2013年6月，共青团十七大召开，大会指出：“为实现中华民族伟大复兴的中国梦而奋斗，就是中国青年运动的时代主题。围绕这一主题创造新的时代业绩，共青团必须牢牢把握以下基本要求：必须始终坚持党的领导，必须始终坚持围绕中心、服务大局，必须始终坚持发挥优势、凝心聚力，必须始终坚持以人为本、融入青年，必须始终坚持强基固本、狠抓基层，必须始终坚持改革创新、锐意进取，必须始终坚持勤奋学习、提高本领，必须始终坚持脚踏实地、埋头苦干。”“引导青年按照党的要求健康成长、为实现中国梦而奋斗是共青团的根本任务。要大力弘扬社会主义核心价值体系，引导青年积极培育和践行社会主义核心价值观，筑牢为推进中国特色社会主义事业、实现中国梦而奋斗的共同思想道德基础。”

2015 年 7 月 6 日至 7 日，中央党的群团工作会议在北京召开。由党中央召开党的群团工作会议，在党的历史上还是第一次。习近平总书记指出：“党的群团工作是党通过群团组织开展的群众工作，是党组织动员广大人民群众为完成党的中心任务而奋斗的重要工作。”“新形势下，党的群团工作只能加强不能削弱，只能改进提高不能停滞不前。我们必须根据形势和任务发展变化，加强和改进党的群团工作，把工人阶级主力军、青年生力军、妇女半边天作用和人才第一资源作用充分发挥出来，把 13 亿多人民的积极性充分调动起来。”这体现了党中央对共青团工作的高度重视，是下阶段共青团改革和发展的重要指引。

纵观改革开放以来高校共青团在服务大学生职能上的演变历程可以看到，共青团只有植根于大学生中，切实关心大学生的学习、生活、思想状况，才能有一个好的教育效果。职能转变过程中有以下几点启示值得借鉴：

首先，加强高校团干部建设。高校团干部大多是富有朝气和活力的年轻同志，与大学生年龄相近，进行思想政治教育工作具有先天的优越性。要选拔一批责任心强、业务能力熟练、拥有人文关怀的年轻同志充实到共青团干部队伍中来，将那些把共青团的岗位作为快速升迁的跳板、只注重表面文章、讲究工作场面热热闹闹、不注重对学生内心关怀、华而不实的团干部清理出去。

其次，提高青年学生的社会适应能力。对青年大学生的思想政治教育是否取得实效，关键看培养出的人才是否能被社会所认可。因此，在校期间不能只教会学生书本知识，还要提高他们的社会适应能力。通过开展就业咨询、讲座，简历设计大赛、模拟招聘大赛等丰富多彩的活动，使大学生树立正确的就业观、择业观。同时，积极开展各种大学生实践活动，通过寒暑假社会实践、志愿服务、社会考察等形式，使青年大学生更好地认识社会、融入社会，在实践中认识世情、党情、国情，提高创新能力。紧扣时代主题，鼓励优秀青年到西部去，到基层去，到祖国最需要的地方去，为基层和边疆输送新鲜的血液。

再次，发挥学生的主体性。学生是学校的主体，负责任的大学应当真正以学生为本。共青团在对大学生进行思想政治教育的过程中，要切忌形式主义、做活动只是按部就班。要把学生的需求放在首位，根据不同年级、不同专业、不同兴趣特长学生的特点，创新工作形式，把工作真正做到学生心里，润物细无声，使学生在不知不觉中受到教育，树立正确的人生观、价值观。要发挥学生的主体性，还要提高学生的主体意识，倾听学生的想法和意见，使学生的合理诉求成为决定学校发展的重要因素。这样学生才会对共青团的思想政治教育有积极的回应。

最后，拓展服务大学生的领域。新形势下，共青团要做好大学生的思想政治工作，不能仅仅依靠传统的校内学习和生活领域。随着经济的发展、社会的进步，青年大学生的思想观念也在不断更新，有机会接触到更多的新事物，当然也会拥有新情况、新问题。而学生是一个立体的社会人，要处理好各种社会关系，因此，共青团要发挥好教育的职能，就要根据大学生的思想和心理需求，不断拓展新的服务领域，在大学生身心健康、学习成才、兴趣爱好、择业就业、婚姻家庭等方面给予帮助和指导，培养出综合素质优秀的人才。

第三节　高校共青团思想政治教育工作现状分析

高校共青团在学校党委和上级团组织的领导下，通过共青团干部的不懈努力，结合青年实际，不断探索和创新思想政治教育的方式，充分发挥思想政治教育的优势，取得显著的效果，发挥了重要作用，同时也积累了宝贵的经验。与此同时，随着时代的发展，面对共青团工作中遇到的新情况、新问题，广大高校共青团干部要保持清醒的头脑，充分认识到高校共青团思想政治教育工作中存在的问题，深入分析问题的原因，找到症结所在，采取有效措施，继续发挥共青团在大学生思想政治教育上的优势。

一、高校共青团思想政治教育取得的成绩

新时期，高校共青团利用自身优势，在党组织和上级团组织的支持和领导下，经过共青团干部的探索、创新，走进青年大学生之中，积极引导大学生树立正确的世界观、人生观、价值观，扎实、认真开展思想政治教育，取得了良好的效果。

1. 巩固党在高校发挥领导作用的群众基础

青年大学生是祖国的未来、民族的希望，培养青年马克思主义者，培养共产主义的建设者和接班人，“进而巩固党在高校发挥领导作用的群众基础是共青团长期的政治任务和工作目标之一”①。为了实现这一目标，高校共青团利用自身优势，开展了一系列具有自身特色的思想政治教育活动。利用团组织生活、团日活动这些宣传主阵地，用马克思列宁主义、毛泽东思想、邓小平理论、“三个代表”重要思想、科学发展观、“四个全面”战略布局教育和引导青年学生，提高他们的思想政治素质。通过业余团校和各种实践活动，对高校团干部进行培训，提高团干部的业务能力和素质。大力扶植学习型社团，提高学生自我学习能力。通过微博、微信等网络平台，主动占据思想政治教育的网络阵地。通过高校团组织的特色工作，巩固了党在高校发挥领导作用的群众基础。

第一，为党输送了一大批优秀的学生党员和入党积极分子。中国共青团是中国共产党领导的先进青年组织，是中国共产党的助手和后备军。高校青年学生数量庞大，而且是接受高等教育的优秀人才，是丰富和壮大党的力量的重要源泉。通过共青团的教育和培养，有一大批优秀的青年大学生申请加入党组织，他们的加入丰富了党的队伍，为党注入了年轻的血液，有利于党的事业继往开来。

---

① 刘冠宇. 关于做好新时期大学生思想政治教育工作的几点思考［J］. 国家林业局管理干部学院学报，2008（3）：21.

第二，通过丰富多彩的社会实践活动，促进了地方政治经济的发展，同时又提高了青年大学生的思想政治素质。高校共青团每年都会组织各种社会实践活动，“大学生志愿服务西部计划”，奥运会、残奥会、新中国成立60周年阅兵、北京APEC峰会、抗战胜利70周年阅兵志愿服务，研究生支教团边疆支教，温暖衣冬，“三下乡”“常下乡”等活动，不仅为当地，尤其是边疆地区，贡献自己的聪明才智，促进当地社会经济发展，同时也在实践中更好地认识世情、党情、国情，提高自身的思想政治素质。

第三，培养一批优秀的大学生人才。每年五四青年节前后，高校共青团一般会举办庆祝活动，并表彰追求先进、事迹突出、表现优异的优秀共青团员、优秀团组织等先进个人和集体，在大学生群体中间树立榜样，发挥榜样的力量，为广大青年学生的工作和生活明确方向，带动高校青年大学生追求先进。

2. 使党的路线、方针、政策深入人心

积极宣传和贯彻党的路线、方针、政策，是党交给共青团的重要使命和任务。党的路线、方针、政策是党带领全国各族人民进行社会主义现代化建设，实现中华民族伟大复兴的中国梦的根本保证。大学生接受过高等教育，思维活跃，富有朝气，是国家现代化建设的重要力量，应当领会并贯彻好党的路线、方针、政策，把个人命运同祖国、人民的命运紧密联系在一起，把实现个人理想与实现中国梦紧密联系在一起。高校共青团在工作过程中，结合自身实际，起到了良好的效果。

第一，开展理论学习活动。高校共青团定期开展团组织生活、团校活动，邀请专业教师、一线模范对青年学生做报告，加强青年学生的理论素养，使学生更加深入地认识中国共产党的性质、宗旨，领会党的路线、方针、政策，以马克思列宁主义、毛泽东思想、邓小平理论、“三个代表”重要思想、科学发展观和“四个全面”战略布局武装头脑，指导自己的日常生活和学习。

第二，开展系列主题教育活动。共青团创新教育模式，开展一系列主题教育活动，通过高校学生喜闻乐见的形式，深入领会党的路线、方针、政策。结合时代主题，开展十八大知识问答、“我的中国梦”主题演讲、我为社会主义核心价值观代言、纪念抗战胜利70周年主题图片展等活动，让学生更加主动地学习党的理论，增强道路自信、制度自信、理论自信。

高校大学生是未来社会的中流砥柱，他们积极主动学习、贯彻、落实党的路线、方针、政策，对于构建社会主义和谐社会具有重要意义。

3. 引领学生树立正确的观念，维护高校社会稳定

新时期，国际形势更为错综复杂，西方敌对势力抓住一切可以利用的机会进行价值输出，大学生涉世不深、辨别能力有限，很容易受到影响和误导。在这种情况下，如果教育引导不当，社会就会出现不安定现象。近十年来，高校没有发生过大规模游行示威活动，即便有时出现不安定迹象，共青团干部总是在第一线疏导群情激奋的青年，最终化险为夷，消除了不安定因素。①

高校共青团思想政治教育在维护社会稳定方面主要采取两种方式，即正面引导和情感疏导，两种方式相辅相成。主动开展正面引导，高校共青团在党委的统一领导下，通过团日活动、团组织生活、团校培训，把思想政治工作做到前面，引导大学生理性爱国，为化解危机、维护高校稳定和社会稳定做出了贡献。同时，良好的正面引导可以为情感疏导奠定较好的理论基础。情感疏导是关键，可以有效化解、消除团员青年的一些不良抵触情绪，起到正面引导无法起到的良好作用。如果没有情感疏导，只有正面引导，对于部分逆反心理较强的青年，往往会适得其反、弄巧成拙。反之，如果情感疏导没有理论根基，则站不住脚跟，也不会产生预期的效果。只有将两者结合起来，既有正面引导又有情感疏导，才能更好地起到维护高校和社会稳定的作用。

4. 促进大学生全面发展

人的全面发展，“是人能够适应不同的劳动需求，把不同的社会职能当作相互交替的活动方式，并在交替变换的职能中，人的先天和后天的各种能力得到自由发展，人的才能得到多方面发展；是个人社会关系的不断丰富和发展，以及个体与社会协调统一的发展”②。按照这个定义，人的全面发展

---

① 李顺. 高校共青团思想政治教育现状与对策研究［D］. 重庆：西南大学，2009：16.

② 张耀灿，等. 现代思想政治教育学［M］. 北京：人民出版社，2006：134.

可以分为三个层次：第一层是人的劳动技能和劳动观念的发展；第二层是在劳动中人的各种潜力、才能得到自由发展；第三层是人的社会关系得到和谐发展，人与自然和谐相处。高校共青团通过开展思想政治教育，在上述三个方面促进了学生的全面发展。

第一，通过开展各种活动，帮助大学生树立正确的就业观。通过“成功人士进校园”“职业技能培训”“职业技能大赛”“简历设计大赛”“就业指导”等活动，帮助大学生树立“先就业、后择业”的就业观。利用高校共青团的资源优势，开展“结对子”活动，帮扶困难学生解决他们的实际困难，增强大学生自信心，提高大学生自立能力。利用寒暑假，鼓励大学生“走出去”，走到田间地头、社区街道，提高大学生对社会的适应能力。在“大众创业，万众创新”的热潮下，鼓励大学生自主创业，为大学生自主创业提供理论支撑和资源支持。

第二，通过开展思想政治教育活动，使大学生的各种潜能充分发挥、才能得以自由发展。通过开展“挑战杯”科技作品大赛，培养学生的动手能力和创新能力，在设计作品的过程中，使学生有机会将自己的专业知识深入思考，学以致用。通过组织各种团日活动、各类赛事，充分挖掘学生的协调能力、表达能力和人际交往能力。通过开展志愿服务，培养大学生的志愿精神，提高履行社会责任的能力。

第三，通过开展思想政治教育活动，增强大学生处理社会关系的能力。思想政治教育活动的过程，就是使大学生不断与身边人接触、交流、合作的过程，在这个过程中体会人与人之间、人与自然之间、人与社会之间的微妙关系，使广大学生在实践活动中亲身体会并提高自己与周围环境、社会和谐相处的能力，增强大学生应对各种复杂社会关系的能力。

5. 制度建设和科学研究成绩显著

制度建设逐渐完善。高校共青团的思想政治教育制度涉及共青团员学习、生活的各个方面。中共中央、国务院、教育部、共青团中央都有相应的制度性文件，对高校共青团的思想政治教育有宏观指导。具体到每一所高校，也都有自己的一套教育制度，包括课堂考勤管理办法、考试纪律管理办法、学生违纪处理办法、学生安全教育管理办法、学生心理健康教育实施办法、学生公寓管理规定、奖学金评定办法等。这些制度，使得高校共青团的思想政治教育工作有制可依，方向更加明确，工作更加规范，要求更加清晰，有利于工作的高效进行。

思想政治教育的科学研究成绩显著。高校共青团的思想政治教育是一项实践性很强的工作，是对思想政治教育理论的丰富和发展。它拓展了思想政治教育理论研究的对象，将大学生群体和青年教师群体、流动团员群体纳入理论研究范畴。它发展了思想政治教育主体素质开发理论，将高校共青团在大学生思想政治教育工作中的定位、职能进行了研究，对共青团干部如何发挥自身作用提供了理论支持。它升华了思想政治教育理论研究的现实指导意义。高校共青团是思想政治教育的重要组成部分，这一方面的理论研究成果对构建社会主义和谐社会具有重要的现实指导意义。

二、高校共青团思想政治教育中的问题

青年大学生是国家未来的建设者和接班人，青年大学生拥有较高的思想政治觉悟对党和国家事业的开展具有重要作用。改革开放以来，共青团发挥“党有号召，团有行动”的优良传统，巩固了党在高校发挥领导作用的群众基础，维护了社会稳定，营造了良好的校园文化氛围，促进了大学生的全面发展，在国家的现代化建设中发挥了不可替代的作用。但是，在取得成绩的同时，也出现了一些问题。

1. 高校共青团思想政治教育的制度建设不健全

思想政治教育工作能够顺利、有效开展，健全的制度建设不可或缺。“没有规矩不成方圆”，只有拥有健全的制度，才能有助于工作更好地开展。随着时代的发展，实践的增多，认识的深化，高校思想政治建设中规章制度的不健全之处也逐渐暴露出来。

（1）共青团团内活动制度不健全

随着经济全球化的深入推进，各种文化思潮和价值观念在冲击着大学生的思想世界，部分高校大学生出现了政治信仰迷茫，价值观迷失，团员意识淡薄、价值观扭曲等问题，缺乏团员的主人翁意识。

而提高团员的主人翁意识，是高校共青团思想政治教育的重要内容。共青团的教育途径主要是通过团校、团组织生活、团员民主评议、组织专题活动等形式。但是这些制度并没有全面推广开来，总体来说，团组织生活的主

体、内容、形式、频率、总结、交流都还很不规范。《中国共产主义青年团章程》规定，共青团每年至少要开展一次民主评议，但实际上很少有高校共青团能开展此项工作，即使是开展的高校共青团，形式也比较随意，没有固定的范式。这样一来，有些共青团员一年到头甚至没有参加团内活动的机会，共青团员的团员意识很难被培养起来。

（2）团员的社会公德教育制度不健全

个人的思想品德主要表现在家庭美德、社会公德、职业道德三个方面。大学生离开家庭，在外求学，况且还没有就业，所以社会公德是体现大学生思想品德的重要方面。高校大学生相对社会其他群体来讲，拥有一定的社会责任感，多数青年学生能够遵守公共秩序。然而，由于种种原因，高校大学生道德滑坡已成为不争的事实。许多高校共青团采取了多种措施，举办多种活动，意在提高大学生的社会公德意识，但是不成体系，收效甚微。

大学生的社会公德教育主要体现在青年公益服务上，由于体制不健全，使得这些活动的效果不尽如人意，具体表现在三个方面：首先，志愿者制度不健全。青年大学生志愿者是共青团开展公益活动的主体，然而这方面较成熟的制度只有《青年志愿者协会章程》，它对青年志愿者的资格、义务、权利等都做了详细的规定。然而，这只是针对志愿者性质的组织，实际上高校青年的数量远远超过这个组织的数量。要让更多的学生参与到公益服务中来，单靠志愿组织远远不够，需要让学生会、学生社团、勤工助学中心等非志愿者性质的学生组织参与进来，让更多的学生拥有参加志愿服务的机会。然而这些规定只是零星见诸各组织自己的管理制度中，像有些班团支部、兴趣小组甚至没有相应制度来规范其公益活动。其次，公益活动的资格审查、过程监督、后续跟踪制度不规范。高校共青团对大学生的公益活动普遍持支持态度，这也就造成了忽视资格审查、缺乏过程监督、缺少后续跟踪的问题。在公益活动中，有极少数学生假借公益活动之名，获得志愿者资格，为评优、奖学金捞取资本，有的利用公益之名，将获得的捐款物资给自己身边的亲朋好友，大大降低了公益活动的本意。这些都需要健全的制度，前期对志愿者资格审查，活动过程中加强监督和后期跟进。最后，公益活动总结交流制度不健全。组织活动的目的是让学生提高社会公德意识，每一次公益活动都需要若干志愿者团结合作完成任务。不同活动有不同的侧重点，这样一来，分配给每个志愿者的活动就是少量的、具体的、片面的。因此，公益活动能不能达到教育的目的，教育程度如何，有哪些经验值得保留，都要通过活动后的总结来升华。而这一工作也需要制度来规范。

（3）共青团的网络思想政治教育制度不健全

随着信息化的持续发展，人类已经进入信息时代。网络的普及，使得青年大学生有机会快速接触各种信息资源。网络在思想政治教育方面也有了广泛的应用，各高校共青团也相继开展了主页、微博、微信、客户端等平台，收到了很好的效果。但是在网络思想政治教育蓬勃发展的同时，相应的制度建设没有跟进，显得相对滞后。首先，缺乏对共青团员网络思想政治教育的行为规范。共青团员是青年学生中的优秀代表，他们的行为对周围同学有着潜移默化的影响。许多团员大学生在网络方面有许多不文明的行为：利用学习时间上网玩游戏，盲目崇拜甚至模仿网络“黑客”，通宵上网影响寝室同学休息，利用自己掌握的网络技术盗用他人的网络账号，等等。其次，网络思想政治教育缺乏反馈机制。长期以来，共青团的网络思想政治教育只是局限于把信息输送，即把网站建设完成，信息推送出去，思想政治教育的内容是否被学生接受、消化、吸收，效果如何，没有一个健全的反馈机制。

2. 思想政治教育缺乏系统性、连贯性和针对性

共青团对大学生的思想政治教育工作是一项系统工程，必须从整体把握，统筹各方面的因素，保持工作的连续性，根据具体情况有针对性地工作。如果没有统筹好系统性、连贯性和针对性，工作就如同一团散沙，措施虽多，但是无法达到预期的效果。在当前的共青团思想政治工作中，部分高校就是因为缺乏系统性、连贯性、针对性，导致没有取得良好的效果。

（1）部分高校共青团思想政治教育缺乏系统性

系统科学认为，系统是由相互作用和相互依赖的若干组成部分结合而成的具有特定功能的有机整体。在自然界和人类社会中，系统是普遍存在的。[①] 高校共青团思想政治教育工作缺乏系统性主要表现在以下三个方面。

1）缺乏整体性。整体性是说，具有独立功能的系统单元和单元间的相互联系只能逻辑地统一和协调于系统的整体之中。也就是说，任何一个单元

① 毛厚高．系统工程［M］．北京：人民邮电出版社，1988：3.

不能离开整体去研究；单元间的联系和作用也不能脱离整体的协调去考虑。[①] 高校共青团的思想政治教育工作需要有一套整体的规划措施，如从爱国主义教育、集体主义教育、团员意识教育、个人品德教育等方面铺开，每项教育由不同的活动组成，每项教育之间相互联系、相互呼应、相互促进。当前，高校共青团工作中存在的问题是，目标的制定、工作的开展，并非是高校共青团系统内自己的逻辑体系，而是从属于学校党委和上级团组织的"重点"来制定，针对性很强。这就使得每当上级有某项主题教育活动时，各高校共青团纷纷围绕这个活动制定措施，从而忽视了其他方面教育活动的开展。当然，强调共青团工作的整体性并不是否定学校党委和上级团组织的工作重点，而是要明确上级重点在整个共青团工作中处于什么样的地位，在看到重点的同时，不要忘记自己长期的任务和目的。只有这样才能抓住共青团思想政治教育的根本。

2）缺乏层次性。一个系统是由若干个子系统组成的，而该系统本身又可以看作更高一级系统的一个子系统，这就是系统的层次性。高校共青团是共青团系统中的一个子系统，也是高校机关的一个子系统，它下面还有各院系分团委这些子系统。只有系统中各层级合理调度，逐级指挥，分级负责，开展工作才会更加高效。现在的情况是，部分高校共青团思想政治教育措施缺乏层次性，这对整个系统的思想政治教育功能的形成会产生负面影响。

3）缺乏相关性。组成系统的单元是相互联系、相互作用的，相关性揭示了复杂系统的本质。高校思想政治教育工作的开展，不仅需要共青团系统内部的校团委—院系分团委—团支部工作具有一致性，还要与其他思想政治教育部门相协调。以个人品德教育为例，校团委可以和理论课个人品德修养一部分相配合，开展宣传活动，院系分团委可以开展团组织生活、演讲比赛、征文比赛等活动，形成教育的合力。目前存在的问题是，不同的教育部门之间，思想政治教育的内容不协调、不同步。同样一个教育内容，往往不同部门陆续开展，每个部门开展都有各自的优势和局限，造成了对资源的重复使用，对学生的教育效果并不理想。

（2）部分高校共青团思想政治教育缺乏连贯性

---

① 毛厚高．系统工程［M］．北京：人民邮电出版社，1988：5.

教育是一项面对人的工作，应当根据教育对象的不同，在不同阶段实施符合该年龄阶段的教育措施。思想政治教育也是如此，在中小学的思想政治教育中，主要以案例、故事为主，让学生掌握基本的政治理论，树立正确的价值观。高校的思想政治教育探讨的更为深刻，课堂教育有国家教材、大纲的统一，具有较强的连贯性，但是共青团的思想政治教育却显示出更大的随意性。学校党委分管领导的调整、上级团组织分管领导的调整、高校团干部的调整，经常会使共青团的思想政治教育举措发生比较明显的变化。高校共青团在实施爱国主义教育、集体主义教育、社会公德教育、团员意识教育这些方面的举措时，都不同程度地缺乏连贯性。在这些举措中，持续时间最久、最为完整、影响面最广的举措是团组织生活。然而，团委领导的责任心、事业心强弱，上级团组织检查工作的次数等因素都会影响团组织生活的频率和质量。同样的一届学生，有可能经历不同的团委负责人，每一次更换团委负责人，如果没有做好衔接，都会使思想政治教育的效果大打折扣。

（3）部分高校共青团思想政治教育缺乏针对性

思想政治教育应当按照本校学生的实际情况有的放矢，有针对性地开展活动。大部分高校的思想政治教育工作的针对性较强，但是也有部分高校缺乏针对性。首先，团日活动的针对性不强。团日活动是团支部不定期开展的集体活动，许多高校团员每年参与最多的团内活动就是团日活动。但是，团日活动的开展往往和班级集体活动混淆，有些地方是开展班级活动的同时举办团日活动，把班级的集体活动冠以“团日活动”的名义，没有针对性。有些团日活动是按照每年固定的流程走形式，到了固定的时间点、纪念日举办活动，活动内容千篇一律，没有根据学生情况的变化而有所变化，团员的参与积极性不高。其次，团员民主评议的针对性不强。团员的民主评议是共青团员对照《中国共产主义青年团章程》的要求，一年一度地总结自己学习、工作、生活、思想等各方面的情况，自我反省、开展批评与自我批评、组织评议并限期整改，目的是教育团员，提高团员的整体素质。目前，绝大多数高校团委或是不开展民主评议活动，或是只关注形式、不关注内容。经常是每年的评议活动甚至几年的评议活动都是一个主题，活动的安排只是流于形式，团员评与不评、评多评少的效果类似，浪费了时间。再次，团校培训的针对性不强。开展团校培训是大多数高校共青团进行思想政治教育的举措，各高校每年至少举办一期业余团校。团校培训的针对性不强主要表现在：思想政治教育的形式只有课堂说教、放映电影，往往是蜻蜓点水，缺乏切实有效的教育手段；先进典型引领的深度不够，表率作用没有有效地发挥起来；有些高校比较深入地指出了问题，但是缺乏跟踪教育，课堂教育的成果没能持续；团校培训经常是几十人甚至上百人集中开展，对团员的教育只有一般性的引导，缺乏实质性、个性化的指导。这些都使得高校共青团思想政治教育的效果大打折扣。

3. 高校共青团思想政治教育环境的负面因素较多

环境对人的影响至关重要。高校共青团开展思想政治教育需要有一个较为安全、稳定的教育环境。随着我国经济的不断发展，社会的不断进步，高校环境也在不断改善，学生的学习条件更加现代化，生活环境更加舒适。与此同时，一些负面因素仍然存在，尤其是社会环境和网络环境两个方面，情况不容乐观。

（1）社会环境

高校不同于中小学，实行的是开放式管理。学生的学习、生活、娱乐很容易受到学校周边环境的影响。学校周边的负面因素对共青团思想政治工作的开展有着许多不利影响。首先，部分高校周边治安状况堪忧。20 世纪 90 年代中期至今，高校持续扩招，大学教育已经逐步由“精英教育”向“大众教育”转化。高校学生人数的增多，使得高校用地需求增多。许多高校通过购买附近的农田或是在郊区修建分校区来实现校园占地面积的扩展，一些城市在郊区兴起了大学城。高校所在地就是原来的农田，高校的周边有许多荒地。这些荒地没有得到统一的规划和开发，一些商贩看到机会，集中在学校周边摆设摊点，开设餐馆、网吧、歌厅，有的甚至有吸毒场所。这对大学生的人身安全及健康构成了威胁。其次，学校周边的娱乐场所对学生吸引力巨大。高校学生生活相对宽松，思想开放。学校周边娱乐场所的兴起，激发和增长了大学生的娱乐需求。一些学生自控能力较低，进入大学之后由于缺少了家庭、学校的严格约束，放纵自己，沉迷于网络游戏、饮酒娱乐之中，荒废学业。再次，过早开展的社会实践活动与共青团活动冲突。随着经济的发展，市场经济的观念已经深入人心。在大学生群体中，越来越多的学生参加勤工助学、兼职家教、短期零工等工作，这些工作对丰富大学生的课余生活、锻炼大学生的社会适应能力、改善大学生的经济状况有一定的作用，但是有时候却与高校共青团的思想政治教育冲突。共青团开展的活动，会有学生以有兼职工作为由而不参加，团干部没有充足的机会接受共青团的培训和教育。最后，不良社会风气的影响。新时期以来，我国的经济建设取得了举世瞩目的伟大成就，社会在转型期间，一些丑恶行为也有了较大的活动空间。上下级关系、干群关系中的不平等现象，任人唯亲、溜须拍马、请客送礼、贪污腐败等现象，就属此例。社会上的这些不良风气对高校学生也有影响。有些学生干部上下级之间等级关系相当强，学长学姐与学弟学妹之间存在依附关系。院系团支部托关系在校学生会、校团委推荐干部也已是默认的“潜规则”。一些高校学生干部之间请客吃饭、赠送礼品，虚报、克扣活动经费现象也普遍存在。这些不良风气对高校学生的思想和行为都有一定的负面作用。

（2）网络环境

信息化飞速发展的今天，网络已经成为人们生活中不可缺少的一部分。网络的普及极大地丰富了大学生的接触面，有机会及时获取各种学习资源。但是，也带来了许多问题，给共青团思想政治教育工作带来了许多不利因素。首先，网络的普及为西方价值观的渗透提供了方便。互联网技术发端于西方，近几十年来，西方在网络上占据话语权，为其价值观的渗透提供了便利。青年大学生思想活跃，易于接触新事物，但是缺乏意识形态斗争的经验，很容易受到西方价值观的侵染。尤其是在一些社会突发事件中，一切西方媒体歪曲事实，制造谣言，大学生很容易受到蒙蔽，做出错误的判断，发表错误的言论，不利于社会的稳定。其次，网络中的不良文化对大学生的身心健康造成不利影响。在信息爆炸的今天，每天都有各种网络信息更新。但并不是所有的网络信息都是健康、正面的，而是存在着大量的垃圾信息。网络使大学生更方便接触各种需要的信息，而同时也使他们有更多机会接触到淫秽色情、反动暴力、庸俗虚假的信息，这些对那些辨别力不强的大学生影响至深。最后，部分大学生失范的网络行为，使个人心理扭曲、人际关系恶化。如今，大学生几乎人手一台电脑，一些学生沉溺于网络游戏，有的通宵打游戏，影响他人休息。长期痴迷于网络游戏，缺乏与身边同学的交流，周围同学对其误解逐步加深，久而久之就会形成自我封闭，养成自私、冷漠的性格，产生压抑、苦闷的情绪，有的产生心理疾病甚至走上自杀的道路。综上所述，网络在给大学生带来便利的同时，也带来了许多负面影响，如果运用得不好就会起到负面作用，影响青年学生的身心健康，不利于思想政治教育工作的开展。

4. 高校共青团干部队伍建设存在缺陷

思想政治教育者是党进行思想政治教育的主体力量，这支队伍的整体素质关乎思想政治教育的实际效果。[①] 高校共青团的思想政治教育者主要是高校共青团干部，高校共青团干部是高校思想政治教育工作的组织者和管理者，工作极为重要。近年来，高校共青团干部队伍在做出许多成绩的同时也出现了一些问题。

（1）高校共青团干部素质参差不齐

高校共青团干部分两种，一种是专职团干部，另一种是兼职团干部。兼职团干部主要是指学生兼职团干部。高校共青团干部大多比较年轻，理论水平和实践经验都比较薄弱。许多专职团干部是刚刚参加工作不久的年轻同志，他们往往对工作有热情，但是大多没有经过艰苦复杂环境的锻炼，缺乏系统的培养，工作靠习惯或者学生时代学生工作的经验。对于学生兼职团干部而言，普遍缺乏学习热情，对中国特色社会主义特别是“四个全面”战略布局缺乏深入理解，理论素养欠缺。对团的工作大多是在实践中摸索经验，工作的系统性不强，处理问题的综合能力欠缺。往往是团委业务工作熟练、工作能力提升之后就到了卸任的时间，新上任的学生团干部又得从头学习。一些年龄偏大的团干部工作缺乏主动性，缺少激情，工作按部就班，缺乏创新精神。部分高校没有把共青团干部当成思想政治教育工作的专门人才来培养，而只是使用共青团人手完成上级任务。这样一来，便忽视了共青团干部系统的结构调整，造成高校共青团干部素质参差不齐，限制和束缚了思想政治教育人才的成长，不利于形成思想政治教育队伍的人才优势，影响了高校共青团思想政治教育的发展历程。

（2）高校共青团干部选拔任用不规范

选拔任用高素质的共青团干部，对共青团思想政治工作的开展至关重要。目前高校共青团干部队伍最为突出的问题就是兼职团干部太多。除校级

---

① 仓道来. 思想政治教育学［M］. 北京：北京大学出版社，2004：175.

团委能基本保证配备专职团干部外，院系级团委书记几乎全部由院系辅导员兼任，其他团干部也都由学生兼任。由于院系团支部书记只能在院系辅导员中选拔任用，渠道来源都受到限制，选拔标准不能严格执行。有时会出现想干的人选不中，选中的人不想干的情况。学生兼职团干部任期往往只有一年，流动性较大，经常是刚培养好一批学生干部，这批学生干部就要卸任了。同时，学生由于学业上的原因，也不可能将主要精力放在共青团工作上。由于院系选拔学生团干部的自主性较大，有时会出现把团干部的岗位当成安置关系户的工具，助长不正之风，损害共青团在大学生中的形象。这些都影响了高校共青团思想政治教育工作的实际效果。

（3）高校共青团干部建设缺乏专业性

选拔和任用高素质的团干部，是开展共青团思想政治教育工作的前提。而建设一支高素质的共青团干部队伍，是做好共青团思想政治教育工作的关键。目前出现的问题是，高校的共青团队伍建设普遍缺乏专业性。共青团干部相对年轻，理论知识掌握不够丰富，需要加强学习和引导，使他们树立服务青年、服务社会大局的意识。但高校多把任务委派给团干部，很少有针对团干部的专门培训，这就使得许多团干部只是疲于应付上级交办的各项工作，对新时期团的工作没有深入的思考，思想意识松懈，做起工作来显得不专业、不用心。在这样的情况下，很难保证共青团的思想政治工作能够有效开展。

（4）高校共青团干部待遇低、转岗落实难

不同单位对共青团干部的重视程度不一样。许多高校共青团干部由辅导员兼任，任务重、压力大、工作量大，但是薪酬却不高。因此，部分团干部希望能够转到其他岗位，提升待遇，改善生活水平。有的专职团干部待遇长期得不到落实，工作缺乏积极性，有的在共青团岗位上一干就是十几年，生活压力与日俱增，这就使得一些团干部出现了不良的情绪，工作靠惯性，思想僵化，观念陈旧，工作得过且过。同时，也有的团干部把团的工作当作职务晋升的跳板，急于转到党政工作岗位，这就使得一些团干部急于创造政绩，大搞院系形象工程，希望把活动做得声势浩大，重形式轻实质。热衷于迎合上级，忽视了对学生真诚的关怀。这不仅不利于思想政治教育队伍的稳定和发展，也不利于高校思想政治教育工作的顺利开展。

5. 思想政治教育重形式轻实质，实施效果欠佳

在共青团开展的各种活动中，最受大学生欢迎的莫过于校园文化活动。大学生自我意识觉醒，追求个性。共青团组织也看到了这一点，积极举办丰富多彩的文化、艺术、体育、娱乐活动，希望寓教于乐，为他们发展个性提供了良好的平台。这一举措成为高校一道亮丽的风景，有些学校也形成了自己的特色。但是，校园文化也出现了一些不良倾向。有些活动脱离大学生实际，学生参与度不高。有的过于追求场面的宏大，邀请名人、明星加盟，过于追求活动形式，没有很好地渗透价值观和思想。有些活动为了追求立竿见影的效果，得到领导的肯定，重视领导的出席，怀着功利心夸张活动宣传，注重表面功夫，追求大场面，舍本逐末，最终使得许多高投入的活动成为形式主义的泡沫，学生在此过程中只是娱乐，没有太多价值层面的收获，影响了共青团思想政治工作的实际效果。

6. 高校共青团开展思想政治教育的资源整合力度不够

所谓思想政治教育的资源，主要指人员、物资、经费、信息，共青团组织越有资源，就越有动员力和影响力，越有动员力和影响力，就越容易获取资源。在计划经济条件下，资源的获取主要靠行政手段。在市场经济条件下，市场在资源配置中起决定性作用，这就对高校共青团的资源整合带来了严峻的挑战。共青团思想政治教育工作的资源，主要来源于校内资源和校外资源两部分。校内资源主要是指高校共青团系统内部的主体资源、学校各部门的资源，校外资源主要是指各级团组织、校友等社会各界的资源。目前出现的问题是，部分高校共青团的资源整合力度不够，缺乏对各种资源的整合，即便是在利用校内资源的情况下，也是独立作战，不太注重与学校其他各部分的配合和协调。很少主动地去联系校外资源，即便是有，也只是星星点点，或者在工作中起辅助作用，没能真正开发社会资源。比如说，大多数高校共青团会在暑期举办社会实践活动，然而有机会进入社会实践基地参与专题社会实践的只是少部分学生代表，大部分学生要参与社会实践，只能依靠自己联系、自己争取。实践基地的规模不能满足青年学生的需求，也恰恰说明共青团思想政治教育的资源整合力度不够。

7. 高校共青团思想政治工作的理论研究水平较低

高校共青团思想政治工作的开展需要理论的支撑，虽然共青团思想政治

工作积累了许多实践经验，但是理论研究水平明显偏低。主要表现在以下几个方面：

（1）理论研究的数量偏少

大部分研究者将共青团思想政治教育视为大学生思想政治教育的一部分，所以研究的对象往往集中在大学生思想政治教育上，而不是把共青团思想政治教育作为一个独立的部分来研究。这样一来，专门以高校共青团思想政治教育为研究对象的课题、论文的数量就偏少。

（2）理论研究的广度不够

由于高校共青团思想政治教育工作的理论研究数量偏少，也就导致了理论研究的广度不够。目前，理论研究主要集中在高校共青团思想政治教育的作用和实施途径、优势、实效性、定位、方法、人文导向、创新研究七个方面，对于诸如体制性问题、教育主体研究、教育客体研究、教育载体研究、教育环境研究、教育内容研究、教育理论研究等诸多方面涉足不多。①

（3）理论研究的深度不够

高校共青团思想政治教育理论研究的成果深度不够，这从一个侧面可以看出。该类文章大多发表在一般期刊或者大学的学报上，核心期刊上很少有这方面的研究成果。文章大多以陈述性内容为主，很少有充分调查访谈、具体数据支撑的理论成果。

三、高校共青团思想政治教育出现问题的原因分析

高校共青团思想政治教育出现的问题不利因素有很多，造成这些问题的原因也是多方面的。既有历史原因，也有现实原因；既有客观原因，也有主观原因，需要综合考虑，可以从以下几个角度分析。

1. 对高校共青团思想政治教育重要性的认识不足

认识，是人对某一事物的观点、看法，认识对实践有着重要的指导作用，实践反过来又反作用于认识。对高校共青团思想政治工作的认识，就是认识主体对高校共青团思想政治工作的认知广度和深度。认识的广度和深度

① 李顺. 高校共青团思想政治教育现状与对策研究［D］. 重庆：西南大学，2009：31.

决定着对这项工作的重视程度，从而影响到实际行动。在对待高校共青团的思想政治教育这个问题上，社会、高校党政领导、共青团内部、团员自身的认识不足，是导致问题出现的重要原因。

(1) 社会对高校共青团的思想政治教育了解不深入

社会对共青团工作的认可，对做好共青团的工作意义重大。社会对共青团工作认同度高，会为共青团的工作提供更多的平台，共青团干部职务晋升、薪酬待遇提升的机会多，工作就会更有积极性。相反，社会对共青团工作的认可度低，共青团干部的工作积极性就低，缺乏主动性和创造性。目前，社会对共青团的工作总体上是认可的，但是对共青团的思想政治工作却认识不足。地方党政领导、国有大中型企业领导、私企领导对共青团的思想政治教育认识不到位。许多用人单位比较看重学生的实际动手能力、学习能力和创新能力，更关心学生是否能上岗后即时工作，对思想政治素质的考核在其次，更不了解高校共青团思想政治教育工作在培养社会需要人才上的重要作用。对于学生家长而言，由于我国目前教育体制的影响，大多数家长还是把大学阶段的认知停留在学习的一个阶段，上学成功与否就是看学习成绩是否优秀，除此之外，其他的校园活动是在牵扯精力。大学生的认知在一定程度上受到家长的影响，造成了对共青团开展的活动认知不强，态度不积极。

(2) 高校党政领导对共青团思想政治教育工作不重视

随着经济改革的深入，市场经济逐步确立，市场在资源配置中起决定作用。高校也随着这一潮流加入到市场竞争之中。通过加强学科建设，提高学校硬件设施，提高就业率等方面来吸引更多优秀生源，很多高校着力专业建设，却把对青年学生的思想政治教育工作放在次要地位，因此对共青团的思想政治教育工作关注极少。一些高校党政领导虽然重视共青团的工作，但关注的焦点往往是共青团能给学校争得多少荣誉，至于共青团在对大学生思想政治教育方面应该发挥什么样的作用，怎样发挥作用，如何与其他部门配合等问题，则考虑得很少。有的分管领导指导共青团工作的频率，远远低于指导学生处工作的频率。有些学校没有设置专门的团委、团总支，而是挂靠在学生处下面，由学生处处长或副处长兼任团委书记，缺少应有的重视，共青团干部的积极性无法得到调动，共青团在思想政治教育工作方面的优势无法彰显，就更谈不上与其他部门形成合力，对共青团员进行有效的思想政治教育。

（3）高校共青团内部对思想政治教育的认识参差不齐

《中国共产主义青年团章程》对共青团思想政治教育的性质、地位、作用进行了明确的规定，但在现实中，高校共青团思想政治教育工作开展的好坏完全取决于在任团委领导的思想认识和能力素质。研究发现，大部分团委领导认为共青团应当在大学生思想政治教育工作中发挥作用，但也有一部分领导认为共青团没有必要再单独开展思想政治教育。有的团委负责人认为高校共青团进行思想政治教育工作有自己的特色和优势，也有人认为高校共青团开展思想政治教育工作没有特色和优势可言。这些情况体现了高校共青团对自身开展思想政治教育工作的认识不统一。认识上的差距决定了实践上的差距，因此，有的高校共青团积极发挥自身的特色和优势，开展思想政治教育工作，并取得了优异的成绩，得到了学校党委和上级团组织的肯定，为社会输送了大量思想政治水平优异的高素质人才。相反，有些学校共青团只是被动地接受上级交代的任务，从不主动思考和探索思想政治教育工作的方法，在思想政治教育工作上落后于别人，无法培养国家和社会所需要的高素质人才。

（4）部分共青团员忽视自身思想道德素质的提升

思想政治教育的顺利完成，不仅需要施教者负责，更需要受教者的配合。两者相互结合，才能达到良好的效果。当代大学生思维活跃，追求个性，敢于突破传统和权威，具有较强的反抗精神和批判精神。喜欢独立判断，不喜欢说教，强调自身价值。这就使得他们在接受教育时，会按照自己的价值系统来判断。如果教育方式和内容符合他们的需要，他们可能会接受；如果不符合他们的想法，他们会消极地抵制。这样的价值取向和行为方式，使得他们对思想政治教育表现出漠视和冷淡，他们中的许多人认为思想政治教育是在讲空话、套话，没有现实意义。即便是思想政治教育的内容新鲜、方式新颖，也不可能像娱乐活动一样有趣，如果共青团员仅以兴趣来决定接不接受思想政治教育，只能是让自己失去更多提升自己思想道德素质的机会。因此，共青团员的消极情绪，对共青团思想政治教育工作的开展有着不利影响。

2. 思想政治教育工作的调查研究和沟通交流欠缺

部分高校共青团的思想政治教育工作之所以出现这么多问题，还在于工作中缺乏调查研究，没有进行积极有效的沟通交流，采取的措施不符合自身的实际情况。

(1) 调查研究不够深入

高校共青团工作经过多年的实践，积累了许多经验，形成了一套相对成熟的工作模式。共青团开展思想政治教育工作也有自己一套行之有效的措施和方法，包括平时的团组织生活、团日活动、团校培训等。然而，经验主义的错误也容易在这样的土壤下产生。许多日常性的活动定时定点举办，似乎没有调查研究的必要，其实则不然。团委的工作要真正做到学生心中去，就要了解青年学生之所需，满足青年学生之所求。团组织生活应该学习什么内容、采取什么形式，不同年级的大学生有什么需求，都是调查研究的对象，只有经过充分细致的调研，才能找到广大学生喜爱的活动内容和活动形式，才有助于形成自身的品牌活动，达到良好的教育效果。

(2) 沟通交流不充分

沟通交流不充分，主要是指高校共青团与校内其他平行部门的沟通交流不充分。共青团开展工作，必定会与其他部门发生联系。共青团工作开展得如何，还与学校党委领导下的各大部门、学校各行政部门的沟通交流程度密切相关。对于党委领导下的宣传部、组织部、学生处等部门，与共青团有着一致的育人目标，高校共青团在工作过程中必定会与这些部门有接触和合作。但是这些合作都是零星、突发、不成系统的，育人作用十分有限。学校各大行政部门，例如教务处、科技处、研究生院、就业指导中心、各院系等，是学校工作的重心。共青团理应主动与这些部门取得联系，建立良好的合作关系，形成思想政治教育的合力。但是由于权责不明确，分工不合理，目前很多高校共青团是各自为战，没有主动考虑怎样服务和配合教学院系和其他部门的工作，使得思想政治教育工作没能取得满意的成绩。

3. 思想政治教育的评价体系不完善

评价体系是共青团工作的风向标。共青团思想政治教育评价体系是否完善，直接决定工作效果的高低。目前，高校共青团思想政治教育的评价体系并不完善。上级团组织对共青团的工作有一套完整的工作评价体系，高校系统也有自己的一套评价体系。由于高校众多，上级团组织对共青团思想政治教育的评价体系缺乏执行力度，也就使得评价体系执行情况不甚理想。高校党委在年终考评中，思想政治教育所占的比重明显偏低。大多数高校并没有把思想政治教育列为共青团的考评指标，只是包含在“学生日常管理”栏目下的一个小条目，分值不大。考评体系是否健全，直接决定相应部门对该项工作的重视程度。在共青团系统内部，涉及思想政治教育考评的比例也较少。评价体系不完善，共青团思想政治教育的积极性和主动性就很难调动起来，自然会影响思想政治教育的效果。

4．高校共青团的吸引力和凝聚力不够

虽然现在团支部的共青团员数量大多在90％以上，但是他们的团员主体意识不强，缺乏团组织荣誉感，共青团的吸引力和凝聚力作用发挥得不够。共青团开展的思想政治教育活动，大多数情况下会被共青团员认为是走形式、走过场，经常会出现组织者精心策划了活动，但是参与的团员不为所动的情况。主办活动的共青团干部因此遭遇工作中的挫败感。高校共青团能否起到思想引领作用，很大程度上取决于广大青年对共青团理念的认同。在市场经济体制确立的今天，价值多元，群体分化，共青团宣传工作的缺失，对青年学生合理利益诉求的忽视，使得共青团员与共青团的理念出现了分化，使得高校共青团的吸引力和凝聚力无法有效发挥。

5．共青团干部职业发展培养规划不清晰

高校在共青团干部的队伍建设上，缺乏相应的政策保障措施，使得共青团干部的职业发展规划不清晰，成为阻碍共青团干部成长的“瓶颈”，共青团的思想政治教育工作自然无法有效开展。首先，共青团干部的选拔标准和选拔机制没有统一，选拔的科学性、民主性、真实性有待提高。其次，高校共青团干部的教育机制缺失，年轻的共青团干部总是在实践中摸索经验，工作熟练之后，由于年龄问题就要离开，流动性太大。再次，共青团干部的管理与激励制度不完善，缺乏相应制度或者有了制度但缺乏执行力。最后，高校共青团干部的转岗输送制度不规范，缺乏相应制度保障。共青团干部的产生、管理、培养、转岗这一系列环节制度建设的缺失，都成为共青团干部发挥自身作用开展思想政治教育工作的阻碍因素。

6. 服务青年的意识不强

高校共青团的工作要得到青年的认同，就必须树立服务青年的意识。团的十三大曾提出，为青年健康成长提供有效服务，是共青团帮助青年担负历史责任的迫切需要，也是团的改革的重要内容。但是，目前高校共青团所提供的服务，与青年的需求相比明显不足。青年的需求越来越多，需要服务青年的工作战线越来越长，使得服务项目做得很宽泛，缺乏针对性。因此，就导致了注重形式忽视需求、重视娱乐轻视教育、重视场面忽视内涵的不良倾向，脱离了青年实际。在现实工作中，基层团组织仍习惯用行政权力开展活动，命令学生完成任务，教育方法生硬，权威约束多、温和服务少，使得青年对团组织产生反感情绪，自然使共青团的思想政治教育工作效果大打折扣。

7. 高校共青团思想政治教育工作理论研究乏力

科学的理论是有效实践的先导。面对新形势、新问题，必须通过调查研究，抓住事物本质，掌握问题核心，进行理论研究，才能为高校思想政治教育工作提出有针对性和实效性的指导。目前高校共青团思想政治教育理论研究乏力，主要是因为高校共青团缺乏专门的理论研究机构，没有专职的理论研究人员，缺少理论研究的投入。正因为如此，高校共青团在用科学真理解决学生的思想问题和实际问题时，存在很大的局限性，缺少科学化的指导，从而影响了思想政治教育的结果。

四、加强和改进共青团思想政治教育的对策

通过分析高校共青团思想政治教育工作出现的问题和原因，我们可以看到，新时期共青团思想政治教育工作所产生的新情况、新问题，与现阶段经济发展水平密切相关。当前，我国各领域改革持续推进，共青团的各项工作也需要在不断改革中同社会经济的发展相适应。2015 年 10 月 9 日，共青团中央书记处在《人民日报》发文称，“共青团若不改革或失存在价值”，体现出共青团改革的必要性和紧迫性。要发挥好共青团思想政治教育工作的优势，也必须解放思想，实施切实可行的改革举措。

1. 深化对高校共青团思想政治教育工作的认识

认识是实践的先导，认识的深入对于思想政治教育工作的开展有着极其

重要的意义。要使社会、高校党政领导、共青团内部、广大共青团员加深对共青团思想政治教育的理解，从而形成支持、配合共青团思想政治教育的合力。

（1）促进社会各界加强对高校共青团思想政治教育价值的认识

所谓价值，是指人类在实践过程中建立起来的一种客观的主客体关系。[①] 思想政治教育价值，是指思想政治教育以自身属性满足主体需要和主题需要被客体满足的效益关系。[②] 具体来讲，高校共青团思想政治教育的价值主要集中在两方面：一是可以满足高校共青团完成其政治任务的需要，促进大学生认识的和谐与行动的和谐；二是有助于促进高校团员个体政治社会化，教育和帮助共青团员掌握辩证唯物主义和历史唯物主义的理论，提高思维能力。具体来说，可以通过“引进来”和“走出去”的办法来展示高校共青团思想政治教育的价值。

一是“引进来”。共青团的思想政治教育工作不能闭门造车，要打开校门，让社会各界人士走进校园，亲身感受高校共青团在大学生思想政治教育中起到的重要作用。可以邀请新闻媒体来学校参观报道，邀请社会知名人士来学校开办讲座，邀请企业技术骨干为学生开展指导。通过交流提高社会各界对高校共青团思想政治教育的认识。

二是“走出去”。让社会正确认识高校共青团思想政治教育价值的最好方式，就是通过实际行动来证明。高校共青团可以围绕当地涉及广大人民切身利益的问题，有选择地做精、做细几项主题教育实践活动。参与这些主题教育实践活动，不是作秀走过场，而是真抓实干见成效，引起领导的重视，带动群众参与其中。在教育共青团员的同时，也让社会认识到共青团思想政治教育价值的存在。

（2）高校党政领导要重视共青团的思想政治教育工作

高校党政领导对共青团思想政治教育的重视程度，对于调动共青团干部

---

① 孙彬．新时期高校共青团开展思想政治工作面临的挑战与对策［J］．中国校外教育理论，2007（5）：113-114．

② 葛喜平．高校德育过程实效性低的理性分析与对策研究［J］．学术交流，2004（9）：81-82．

的工作积极性至关重要。共青团的思想政治教育对建设和谐校园有着不可替代的作用，高校领导应该给予高度重视。要加强对共青团思想政治教育工作的调研和指导，党委领导、分管领导要加强调查研究，经常对共青团的工作给予指导，并对共青团思想政治教育的工作要点审核把关，保证共青团工作紧紧围绕学校党政工作中心。要充分保护和调动共青团干部的工作积极性，重视共青团为学校争得的荣誉，适度鼓励和表彰共青团干部。要鼓励、支持并帮助共青团培育思想政治教育的品牌项目，利用自身优势，发挥学校特点，形成有自己学校特色的品牌项目，给予适当的政策支持和倾斜，这对于提高高校共青团思想政治教育水平，推动高校共青团工作的整体进步，都有着重要作用。

（3）提高共青团自身对思想政治教育的认识

面对高校共青团自身对思想政治教育认识水平不统一的情况，要从明确职责范围、健全工作机制、加大培训力度三个方面来统一认识，提高认识水平。

首先，明确职责范围。经过多年发展，高校共青团工作的职责范围已经相对完善，各项工作职责也已较为成熟，但是对于思想政治教育的职责范围还不是很明确。在现实情况中，并不是每一名共青团干部都十分清楚自己肩负的思想政治教育的职责。因此，高校共青团要根据《中国共产主义青年团章程》的规定，结合自身实际情况，制定符合自己的团干部思想政治教育工作职责，为共青团干部的工作提供理论依据。

其次，健全工作机制。调查发现，有的高校共青团系统召开会议数量较少，往往是学期刚开学和学期末各召开一次，其他情况下都是通过电话、电子邮件、微信等方式下发通知。这样虽然提高了工作效率，但是难免会使团委工作的精神走样。因此，需要在高校共青团系统建立一套完整的例会制度、检查制度、交流制度、评比制度等制度，保证团委精神的传达和落实。

再次，加大培训力度。共青团干部的流动性较大，因此要保证工作效率，就需要加大培训力度。通过团校培训，提高共青团员的理论素养，从而提高从事意识形态工作的能力。通过举办专题讲座，有计划、有步骤地增强共青团干部的学习能力，使他们能够自觉、主动地学习与本工作相关的各学科的学术成果和前沿知识，及时把握社会领域中各种最新思潮和最新动态，做好对青年的思想政治教育工作。通过个别谈话，激发共青团干部开展思想政治教育工作的兴趣和积极性。共青团干部大多较为年轻，认识有一定的局限性，工作压力大，很容易产生波动，需要有人关心、指导和帮助，通过个别谈话，化解团干部心中的矛盾，提高工作信心，保证工作高效进行。

（4）强化共青团员对思想政治教育的认识

高校共青团思想政治教育，有利于引导共青团员树立正确的政治观念，树立正确的世界观、人生观、价值观，找准人生定位，正确认识自我，树立自尊自信、自立自强的道德品质。广大青年学生是共青团思想政治教育的对象群体，强化广大学生对高校共青团思想政治教育的认识有着重要意义。要提高共青团思想政治教育活动的组织水平，加大活动的宣传力度，让更多团员参与进来。活动后要进行总结，要结合实际情况，有广度、深度和高度，通过总结使精神升华，达到教育的目的。要充分利用网络资源，开辟专题网站、专题栏目，引导广大共青团员全面、正确认识共青团思想政治教育活动的重要意义。

2. 加大共青团思想政治教育的调查研究力度

没有调查就没有发言权。针对目前高校共青团思想政治教育工作理论研究不充分的问题，需要通过深入查找问题，分析研究存在问题的原因，制定具有针对性、可操作性强的有效方法和途径。

（1）深入调研共青团员的需求

目前，高校团组织对共青团员的许多思想动态把握得不是很清楚，对基层团组织的实际困难、基层团员的实际需要还不能有效地把握。因此，许多活动不能从实际出发，共青团员认为这些活动存在假大空高的成分，对团组织生活消极应对。应当深入到学生中去，按照不同年龄阶段、不同年级学生的特点开展思想政治教育，在布置每个月的团组织生活时，充分考虑学生的诉求，使团内活动更接地气。

（2）调研党政领导对共青团思想政治教育的要求

高校各部门的工作都应当围绕党政中心开展，共青团的工作也不例外。党政工作的侧重点与学校的发展阶段密切相关。发展初期的高校主要任务是完善学校硬件设施，扩大招生规模，这一阶段对共青团思想政治教育的要求可能是开展爱校爱学习的活动。当学校发展到具有一定规模时，会更偏向于内涵式发展，这一阶段对共青团思想政治教育的要求可能是培养刻苦钻研、吃苦耐劳的精神。当学校发展水平处于全国乃至世界一流水平时，对共青团思想政治教育的要求可能是培养兼济天下、造福人类的胸怀。因此，不同发展阶段、不同类型的学校，对共青团思想政治教育的要求不同，共青团只有深入调研、准确把握，才能将自身的优势最大限度地发挥出来。

（3）调研基层团组织对共青团思想政治教育工作的意见和建议

基层团组织是共青团思想政治教育工作的具体执行者，他们拥有更多机会与基层共青团员接触，对基层共青团员的所思、所想都比较清楚。通过问卷、座谈、走访等方式，对基层团组织进行调查研究。及时、全面了解共青团开展思想政治教育的内容是否符合青年的思想实际，方法是否被青年所接受，工作中有哪些不足，应当从哪些方面做出改进。只有深入调研、全面掌握，共青团的思想政治教育举措才能有更加广泛的群众基础，才能更好地被学生所接受。

3. 加强高校共青团思想政治教育的纵向和横向沟通

加强纵向沟通，是加强高校共青团与上级团组织、学校党委领导的沟通，以便争得良好的外部环境。高校共青团尽可能抓住机会，邀请上级团组织指导、检查工作，向上级介绍自身开展思想政治教育的举措办法，增进感情交流，争取上级团组织政策上的支持和业务上的指导。对学校党委领导，要及时沟通共青团思想政治教育的计划、措施、困惑、问题等，得到领导的理解、信任和支持，为工作的开展争取更多物质基础，保证工作顺利、高效开展。

加强横向沟通，是加强高校共青团与本校各院系、各有关职能部门的沟通。共青团思想政治教育工作的开展，需要与这些部门相互配合。通过与院系领导沟通，向他们介绍共青团思想政治教育工作的意义和作用，听取他们对共青团工作的意见和建议，得到他们的理解和支持。通过与其他部门沟通，例如与宣传部、教育处沟通，制定年度计划时听取各部门的意见，本年度可以在哪些方面与他们开展合作，最大限度地形成思想政治教育的合力，提升整个学校的思想政治教育水平。

4. 完善高校思想政治教育的评价体系

评价体系是以实际的工作效果为考核评价依据的价值衡量体系。高校共青团思想政治教育的评价体系是指，在开展思想政治教育的过程中根据目标任务对工作条件、工作状态、工作绩效和工作创新进行科学的判断。评价体系越完善，工作就越成熟，工作效率就越高。评价体系有两个最基本的构成要素，一个是评价指标系统，另一个是评价主体。相对于高校共青团整体的工作评价系统来讲，共青团思想政治教育的评价系统是二级系统，系统分级过少，可操作性较差，需要从实际出发，在实践中逐步改进和完善。评价主体是指评价信息的来源，上级团组织对下级团组织的评价是目前高校共青团思想政治教育工作评价体系的主体，存在主观性较强的问题。要打破这一局限，就要结合工作实际，拓宽评价主体，把上级评价、同级评价、下级评价统一结合起来，保证评价的科学性。

习近平总书记说过，青年是标志时代的最灵敏的晴雨表，时代的责任赋予青年，时代的光荣属于青年。青年是祖国的未来、民族的希望。大学生是中国青年的杰出代表，承载着实现中华民族伟大复兴中国梦的时代重担，是未来经济社会发展的中流砥柱。尽管高校共青团在大学生的思想政治教育方面发挥了重要作用，取得了不少成绩，但仍旧存在一些问题。需要解放思想，实事求是，勇于突破，敢于啃“硬骨头”，使共青团组织保持活力，发挥好高校共青团在思想政治教育方面应有的作用。

第四章

发挥学生会的作用

学生会是大学生开展思想政治教育的主要阵地，充分发挥高校学生会在大学生思想政治教育中的重要作用，是提高大学生思想政治素质的必由之路。学生会的最大优势是，能够发挥大学生的积极性和主动性。但是在建设过程中，受主客观因素的影响，学生会组织也有一定的局限性，需要思想政治教育工作者进行适当的引导。

第一节　学生会概况

一、学生会的定义

学生会，一般代指中华全国学生联合会在各院校的团体会员机构，是在党委领导下、团委指导下，学生自我管理、自我服务的群众性组织，是学校联系学生的桥梁和纽带。

二、学生会的起源

中国的学生会起源于 20 世纪初。1919 年，在“巴黎和会”上，中国外交失败。美国、英国、法国、日本等国拒绝了中国“废除二十一条”的正当要求，公然把德国在山东的权益转让给日本。消息传回国内，举国愤慨。

1919年5月4日，五四运动爆发，北京城内三千余名学生举行了反帝爱国游行。当晚，五四运动爆发的消息传到了清华园。第二天一早，有学生在宿舍门口贴出大字报，要求立即行动。同日，高等科和中等科科长召开全校各会社负责人联席会议，决定成立清华学生代表团，参与到运动中。5月7日，清华学生代表团正式成立，团长为顾德民。1919年12月17日，全体学生大会通过了学生会章程。12月23日晚，清华全体学生聚集在饭厅举行学生会成立大会。学生会设评议部和干事部，由刘驭万、罗隆基担任评议部正、副主席，时昭泽担任干事部主席；干事部下设总务、交际、文牍、会计、新闻五科，其中文牍科正副主任为闻一多、潘光旦。

随着学生会的成立，清华大学学生活动日益活跃，校内刊物《清华周刊》也由学校派定学生编辑改为由学生自选编辑，各种学生团体如雨后春笋般兴起。在之后的历史进程中，清华学生会领导学生参加了一系列反帝爱国运动，逐步成为清华大学学生运动的领导核心，在之后的“一二·九”运动、“一二·一”运动、抗暴运动、“反饥饿、反内战”运动中发挥了重要作用。

三、学生会的机构设置

高校学生会一般分为校级学生会和院系学生会两级。全国高等学校建立的学生会联合组织为中华全国学生联合会，简称全国学联。高校学生会一般分为三级领导组织。学生会以主席团为领导核心，主席团包括主席一人、副主席若干。主席团下设数个职能部门，这些部门不同学校会有区别，相同学校的不同院系也有区别，学生会组织也会根据自身情况的变化进行相应的部门调整。但是大致上可以分为办公室、宣传部、组织部、学习部、实践部、体育部、文艺部、生活部、纪律部、楼管部、外联部、社团部、技术部等。每个部门的直接负责人是部长，部长下还有副部长二到三人，组成了学生会中层。每个部门中层之下还有干事，干事数量不固定，按照部门情况而定。干事主要由大学一年级学生担任，中层主要由大学二年级学生担任，主席团成员主要由大学三年级学生担任。学生会主席一般由大学三年级或大学四年级的学生担任。

四、学生会的定位

无论是在中国还是在国外，高校学生组织都是青年组织中一支非常重要、非常活跃的组织。中国的学生会已有近百年的历史，在中国革命、建设过程中，都有青年学生的身影，发挥过重要的作用。尤其是改革开放以来，我国高校学生会和其他学生组织蓬勃发展，取得了优异的成绩，促进了教育事业又好又快发展，成为青年组织里的一道亮丽风景线。当前，面对现阶段出现的新情况、新问题，对学生会作用进行正确的定位，对其工作的有效开展、更好地发挥在大学生思想政治教育中的作用，都有重要意义。

1. 学生会的领导归属

在高校中，由于团委和学生会联系极为密切，所以许多人一直存在误区，认为学生会是团委领导下的学生组织。实际上，学生会的领导归属不是团委，而是党委。我国高校采取的是党委领导下的校长负责制，学校的一切党政工作都在学校党委的领导下。学生会的工作是学校育人工作的一部分，因此应当接受党组织的领导。由党领导学生会，是近代以来学生会建立和发展的现实选择，是由近百年的实践探索所决定的。学生会发展的历史告诉我们，只有坚持党的领导，才能确保学生会坚持正确的政治方向，才能有助于学生会事业的蓬勃发展。当前，各高校党委已把对学生会的管理和引导，提上了党政管理部门的工作日程，以便更好地发挥学生会作为高校党政部门有力助手和高校育人工作重要载体的功能，实现对高校学生的教育和引导。

实际上，高校共青团在学生会工作中也发挥着重要作用。高校学生会的领导归属问题同团委关系密切，党组织对高校学生会的领导和管理，是通过共青团实现的。现行的普遍办法是，高校党委委托团委对学生会的工作进行具体指导和部署，由团委专职副书记兼任学生会秘书长，指导学生会日常工作的开展。团委副书记定期向团委书记汇报学生会的工作情况，团委书记也会把学生会的工作情况作为共青团工作的重要组成部分，向学校党委分管副书记汇报。这种学校党委领导、团委指导的学生会管理体制，确保了学生会工作坚持正确的政治方向，职责任务明确，扎实有效地开展工作。学生会也成为学校党委育人工作的重要辅助力量。

此外，《中华全国学生联合会章程》的规定："全国学联是中国共产党领导下的中国高等学校学生会、研究生会和中等学校学生会的联合组织。”“国民教育体系中的全日制普通高等学校和中等学校的学生会、高等学校和科研教育机构的研究生会、国外中国留学生团体，承认本会章程，均可成为本会会员。”[①] 也就是说，高校学生会还要接受中华全国学生联合会的领导。全国学联下属各省、自治区、直辖市学联，它们有权对不同会员单位的各项工作进行监督和指导，有权出席各会员单位学生会的重大会议、重要活动。各高校学生会对自身的重大工作、重大活动，也需要及时向全国学联或其隶属的省、自治区、直辖市学联委员会汇报。

由此看来，高校学生会的领导归属有两部分：一是各高校党委领导，由团委具体执行；二是全国学联和地方各级学联组织的领导。全国学联和地方各级学联组织侧重的是组织系统内部的归属和隶属，学生会的具体规划和工作方针由所在高校的党委领导、团委指导。

2. 学生会的工作定位

关于学生会的工作定位，在一些高校存在着误区。一些高校的党政领导认为，学生会是学校党政部门实现校务管理的一部分。这一认识忽视了学生会实现育人目标、开展大学生思想政治教育的重要作用，导致了学校领导从实用的角度出发来定位学生会的工作。把对学生会工作的评价仅仅定位在完成学校短期的行政任务和行政指标上，长此以往，也就忽视了学生会作为学生素质的全面发展的实现载体作用，束缚了学生会作为学校育人工作的重要辅助力量的发挥，打击了学生会干部的工作积极性，限制了学生会组织中成员的锻炼，使得学生会虽然名义上是学生的自治组织，实际上成了学生帮助学校完成行政任务的行政部门。

纵观学生会的发展历史，在长期的革命和建设时期，学生会在党组织的领导和团组织的指导下，牢牢把握党的路线、方针、政策，根据青年学生的实际特点开展工作，为大学生思想政治教育做出了重要贡献。学生会的工作必须要以青年学生作为载体和对象，要把实现学生的全面发展作为学生会工作的重心，把全心全意为同学服务作为学生会工作的出发点和落脚点。如果

① 共青团中央. 中国共青团年鉴（2005）[R]. 北京：中国青年出版社，2006：442.

把学生会仅仅当作完成行政任务的部分，就是歪曲学生会成立之初的目标和方向。因此，高校应当把育人工作和学生会的工作切实结合并有机统一起来，着眼于使学生会成为学校教书育人工作的先锋队和生力军，使学生会作为学校管理工作的重要组成部分的活力充分迸发，实现学生会工作的创新式发展、跨越式发展。

3. 学生会干部的角色定位

所谓学生会干部的角色定位，是指“具有学生身份的特殊的领导者、教育者和管理者，具有领导者、教育者和管理者身份的特殊的学生”①。在实际工作中，学生会干部的定位也存在一定的问题。具体来讲，一些高校往往忽视学生会干部的特殊角色定位和身份特点，而是把他们当作学校党委、团委制定计划的实际执行者。对这些学生会干部的考核，也是通过他们完成行政部门的工作指标是否得力、是否高效来判定。长此以往，学生会作为联系学校党委领导和学生之间的桥梁和纽带作用就会被削弱，学生会的工作重心倒向完成党委和团委交给的行政任务，打击学生会干部的工作积极性，使他们没有更多的精力去关注学生的具体权益，最终使学生会成为学校的一个“办事机构”，学生会的干部只是为老师服务的“工作人员”。学生遇到困难不会在第一时间想到通过自己的组织——学生会来解决，因为学生会中的学生干部整日奔波于完成学校交给的具体事务，对广大学生学习和生活中的“小事情”已经不那么关心和在意了。这也就使得许多学生对学生会漠视，丧失对学生会的信任，拉大学生会与学生之间的距离，降低学生会干部在学生中的威信。

学生会干部是具有学生身份的领导者、教育者和管理者，与学校领导和教师应当有所区分。首先，学校领导和教师是专职的，以工作为职业，是有工资报酬的，而学生会干部是兼职的，学生的主业还是学习，没有工资报酬，是出于志愿和锻炼的目的。其次，学校领导和教师在学校管理过程中起的是主要作用，而学生会干部起的是辅助作用，虽然是配角，但作用是必不可少的。最后，学校领导和教师开展工作，主要是依赖权力型的影响力，学生较容易服从他们的命令。而学生会干部开展工作主要是依赖非权力型的影

① 石国亮. 高校学生干部培训教程［M］. 北京：中国青年出版社，2007：33.

响力，由于学生会干部也是学生中的一员，所以更多是靠自身的威信来开展有关的工作。

学生会干部与普通学生、学生中的意见领袖也有所区分。与普通学生相比，学生会干部要求具有该职位应当具备的素质和能力要求，所以他们往往是学生中的先进分子和骨干分子，在决策、组织、管理、协调、表达、沟通和创新等方面，比普通学生具有更强的能力，表现更为突出，也是普通学生学习的榜样。学生中的意见领袖，是指学生群体中，在信息传递和人际互动过程中少数具有影响力，既非选举产生又无名号的“活跃分子”，他们一般是自发产生的，没有规定权利和义务，发挥作用的领域主要是非正式群体。而学生会干部则是通过一定的民主程序产生的，有一定的权利和义务，而且有一套较为完整的选拔、培养、监督和考核制度，他们发挥作用的领域主要是正式学生组织。

由此可见，学生会干部身上拥有“学生”和“干部”两个不同的角色定位，将这两个角色统一起来，担当好自己的角色，的确不是一件容易的事情。因此，学生会干部也需要通过不断的学习，加强理论素养，提高实践能力，克服角色障碍，提高角色扮演能力，满足社会期待，塑造良好形象。

第二节　学生会与大学生思想政治教育

《中共中央国务院关于进一步加强和改进大学生思想政治教育的意见》中指出：“高等学校学生会是加强和改进大学生思想政治教育的重要依靠力量，也是大学生自我教育的组织者。高等学校的学生会、研究生会要针对大学生特点，开展生动有效的思想政治教育活动，在大学生思想政治教育中更好地发挥桥梁和纽带作用。”通过学生会对大学生开展思想政治教育，是大学生思想政治教育工作的重要组成部分。

一、学生会开展大学生思想政治教育的内容

学生会是学生的自治组织，对大学生开展思想政治教育是学生会的重要职能。学生会开展思想政治教育，就是要使大学生树立马克思主义的世界

观、人生观、价值观，用马克思主义理论武装头脑。学会以马克思列宁主义、毛泽东思想、邓小平理论、“三个代表”重要思想、科学发展观和“四个全面”战略布局为指导，落实党的教育方针，在党委的领导和团委的指导下，实现自我教育。培育和践行社会主义核心价值观，培养大学生良好的道德情操，树立坚定的理想信念，热爱祖国，热爱人民，热爱中国共产党，拥有较强的综合实践能力。为成为社会主义的合格接班人打下坚实的思想政治基础。

二、学生会在大学生思想政治教育中的重要作用

高校学生会是大学生自我教育、自我管理、自我服务的平台，是团结和带领学生追求先进的重要力量，在高校学生日常学习和生活中起着不可替代的作用。高校学生会是大学生开展思想政治教育的重要阵地，对拓展思想政治教育领域、提高思想政治教育工作的效果有着重要意义。

1. 学生会是大学生思想政治教育的参与者和组织者

高校学生会是思想政治教育的重要参与者。学生会是学生中的优秀代表，通过学生会中的学生干部，可以传达思想政治教育精神，充分发挥学生会自我管理、自我教育、自我服务的优势。学生会干部深入到学生当中，可以及时把握学生的思想动态，了解学生所需所求，以便教师根据实际情况，及时调整教学内容，开展更加符合学生需要的实践活动，使思想政治教育工作更有针对性。在思想政治教育活动中，许多需要学生会来承办，学生会干部往往是较好的组织者。有学生会参与组织的活动，学生参与积极性往往会比较高。

2. 学生会是沟通学校和学生之间的纽带

学生会是高校学生自己建立的组织，是学校政策的主要传达者和具体执行者。学生会用自己的实际行动向大学生传递思想政治教育所倡导的精神，让更多的学生接受思想政治教育，并积极投入到学校的思想政治教育工作中。学生会又是学生利益的代表，可以向学校汇报学生在思想、学习和生活中各方面的情况。因此，学生会连接了学校与学生，是学校和学生之间的重要纽带。

3. 学生会能促进大学生民主意识的增强

高校学生会通过一定的渠道，参与到学校的管理、建设中，可以促进大学生民主意识的增强。高校学生会的最高权力机构是学生代表大会，代表大会一般每两年举行一次。通过学生会代表大会，学生代表向大会提出相应的提案，协调各部门，提出和解决面临的问题，帮助学生维护自身正当权益，参与民主治校的行动中。学校的许多管理措施，需要听取学生的意见，通过学生会的调研，可以实现学生与学校领导之间的有效沟通，使得学校的政策更好地体现学生的利益。

4. 学生会是建设校园文化的重要组成部分

学校的校园文化是一种在校园生活基础上逐步形成的校园价值观和校园文化形态，是一种积极进取的精神力量。[①] 营造良好的校园文化，会对学生产生潜移默化的影响，对学生身心的健康成长有着重要意义。高校学生会是建设校园文化的重要组成部分，通过开展丰富性、开放性的文化活动，丰富大学生的课余生活，调节学生紧张的学习状况，形成自身特色，营造良好的文化氛围，对大学生的思想政治教育工作将产生积极的引导作用。

三、学生会开展大学生思想政治教育的原则

大学生思想政治教育工作事关社会主义事业建设人才培养的全局，学生会是大学生思想政治教育的重要组成部分，因此，要高度重视学生会的思想政治教育工作，切实分析思想政治教育工作的特点，在实践中注重科学方法的运用，充分利用好高校学生会自身在思想政治教育工作上的特点和优点，培养社会主义事业的合格接班人。通过学生会开展思想政治教育工作，需要坚持以下原则。

1. 坚持“教”和“育”相结合的原则

高校学生会在进行思想政治教育过程中，要注重对学生思想政治的教育，通过不同形式的活动，让大学生了解党和国家的路线、方针、政策，培养关注国家大事的习惯，树立起自觉接受党的领导、全心全意为人民服务的观念。在思想政治教育的同时，还要注重对学生个人品格与道德规范的塑

① 陈占强，霍新林，王潞红．关于高校学生会在大学生思想政治教育中的作用分析［J］．中国校外教育，2011（7）：7.

造，要坚持育人为本、德育为先。学生会开展的学生活动，要贯彻道德教育的理念，让学生把“修德”放在自身成长和发展的重要高度上，培养道德崇高的有为青年。要坚持“教”和“育”相结合的原则，既注重传授思想政治理论，又重视塑造良好道德品质的实际做法。把人才培养作为根本任务，把思想政治教育放在各项学生工作的首要位置，其他各项学生工作都要围绕这个中心开展。

2. 坚持“传授教育”和“自我教育”相结合的原则

高校学生会开展思想政治教育过程中，要积极配合学校教师、党团组织的教育举措，发挥教育引导作用，形成教育的合力。与此同时，还要激发学生的积极性，以提高思想政治教育的实效，避免出现活动耗资很大、场面宏大，但是学生参与度不高的情况。充分利用学生会的平台作用，以思想道德建设为基础，以高素质的教育队伍为保障，以促进青年学生的全面发展为目标，坚持以学生为本，贴近实际、贴近生活、贴近学生，使思想政治教育举措更为学生所接受，真正提高思想政治教育的针对性、实效性和吸引力、感染力，引导广大青年学生自觉成长为全面发展的社会主义合格建设者和接班人。

3. 坚持解决思想问题和解决实际问题相结合的原则

学生会作为学生自治组织，是学生“自我管理、自我服务、自我教育”的组织，从学生中来，到学生中去。利用学生会开展思想政治教育，情感上更容易被学生接受，学生的思想教育问题可以在学生会的工作中得以实践。然而，要使思想政治教育工作取得实际效果，单靠解决思想问题还远远不够，还要能帮助大学生解决实际问题。学生会要倾听学生的心声，并向学校及时传达学生的意见和建议。在日常生活中，打造一支“以行动带动人，以真诚打动人，以事实教育人”，讲道理、办实事，以情感人、以理服人的学生会思想政治教育队伍，通过与受教育对象沟通情感、交流思想，传授知识、传播理念，寓情于理、情理结合的工作方式，促进思想政治教育工作更有效地开展。

4. 坚持思想政治教育与组织建设相结合的原则

学生会开展思想政治教育，要同自身的组织建设相结合。学生会组织内的成员，是学生会开展思想政治教育的主体，在组织内部，要建立学生思想政治教育长效机制，在各部门中建立相应的规章制度，在日常工作中注重思想政治理论的集体学习，促进成员内部政治理论水平的提高，同时对思想政治教育工作有相应的考核指标，与该部门的考核评优结合起来，在组织建设中增添思想政治教育的元素。促进学生自我提升与外在教育约束的有机结合，有效地引导青年学生的思想和行为。

第三节　学生会开展大学生思想政治教育活动的现状

学生会是联系学校各党政部门与学生之间的桥梁，是大学生开展学生活动的重点和核心，已经成为大学生思想政治教育的重要力量。在实践过程中，取得了许多成绩，积累了许多实践经验。与此同时，也出现了一些问题。

一、学生会开展思想政治教育的丰富实践

改革开放以来，随着党和国家事业的伟大实践，在党的领导和共青团的指导下，高校学生会顺应时代要求，积极探索实践，促进学生的成长发展，取得了一系列成绩。

1. 主题教育活动形式多样

学生会是学生自己的群众组织，在学校党委的领导和团委的指导下，按照法律、学生会规章制度开展活动，独立自主开展工作。改革开放三十多年来，学生会把主题教育活动作为开展大学生思想政治教育工作的有效形式，并不断创新主题教育活动的形式，持续丰富主题教育的内容，使主题教育活动的思想政治教育功能得以充分发挥。在主题教育活动中，用中国特色社会主义理论体系武装大学生的头脑。尤其是党的十八大以及十八届三中、四中、五中全会以来，通过开展各种主题教育活动，使青年对党的认识更加深刻，进一步坚定了建设中国特色社会主义、早日实现中华民族伟大复兴中国梦的理想信念。例如，各级学生会紧紧抓住香港澳门回归、申奥成功、建党九十周年、纪念改革开放三十年、纪念新中国成立六十周年、纪念中国人民抗日战争暨世界人民反法西斯战争胜利七十周年等契机，深入开展各种主题

教育活动。在这些教育活动过程中，让大学生感受到“我与祖国共奋进”，提高投身社会主义现代化建设的使命感。一次次社会考察、一场场形势报告、一组组鲜活数据、一个个生动案例，让大学生逐渐熟悉世情、党情、国情，使大学生发自内心地感叹祖国所取得的巨大成就，激励他们更好地学习科学文化知识，坚定不移地跟党走中国特色社会主义道路。大学生的骨干培养工作也在持续推进，超过 200 万人次的青年学生在理论熏陶和实践锻炼中，向着社会主义合格接班人的目标努力迈进。民族团结教育在大中学校广泛开展，维护国家统一和民族团结成为越来越多大学生的自觉行动。“我的中国梦”主题教育让大学生更好地回顾历史，展望未来，使更多青年学生把个人理想同国家、民族的发展紧密结合起来。开展依法治国主题教育活动，使大学生树立规则意识，培养法治思维，为建设法治中国贡献自己的力量。这些丰富多彩的主题教育活动，使学生会更好地发挥在大学生思想政治教育工作中的作用，让大学生思想观念的更新与国家、社会的进步同步，取得了良好的效果。

2. 素质拓展活动异彩纷呈

学生会定期开展素质拓展活动，这些丰富多彩的素质拓展活动是学生会进行大学生思想政治教育的重要组成部分。各级学生会按照素质教育的要求，紧扣时代主题，通过开展素质拓展活动，积极拓展和提升大学生素质。开展“读书会”、主题沙龙、大学生科技作品竞赛等活动，加深学生对所学知识的深入和理解，锻炼学生的动手和动脑能力。开展大学生“三下乡”、志愿服务西部计划等实践活动，拓展成为学生锻炼成长的第二课堂，每年有超过 2 000 万学生在火热的社会实践中接受教育、增长才干、做出贡献。在大学校园里，越来越多的学生有机会显露出自己的特长，发展自己的兴趣，发扬自己的个性。学术研究、文化交流、体育竞赛等活动丰富多彩，各类学生社团不断涌现，校园文化氛围更加浓厚。三十多年来，各级学生会积极参与到学校的建设中，充当了沟通学校党政领导与广大学生交流的桥梁，通过学代会提案、校长信箱、校领导接待日等正当途径，反映学生的意见、建议、要求，让更多的学生参与到民主管理中，维护学生的正当权益。这些活动让学生丰富了课余生活，有效地维护了学生的切身利益，培养了民主意识，提高了大学生的综合素质，为他们的长远发展打下了坚实的基础。

3. 组织建设逐步完善

改革开放以来，各级学生会为实现自我管理、自我服务、自我教育的目的，不断完善和加强自身建设。一是学生会的活力进一步加强。随着学生会工作制度的逐渐成熟，经验的不断积累，规划工作、组织活动、整合资源的能力不断提升，活动更容易为广大青年学生接受和喜爱。民主选举制度逐步健全，学生会常任代表机构和执行机构并行的制度日趋完善。二是学生组织建设的经验不断积累。随着高校规模的不断扩大、弹性学制、后勤管理和服务社会化的展开，积极探索设置学生会组织和发挥大学生组织作用的新方式，从组织机制和组织设置上保证学生会能更好地发挥职能。三是加强学生会干部的选拔、锻炼和培养，把那些思想政治素质高、有能力、愿意为同学服务的学生选拔到学生干部队伍中来，造就了一支品德优秀、学业突出、作风过硬的学生会干部队伍。

二、学生会在大学生思想政治教育工作中存在的问题

学生会是在学生中较有影响力的组织，在新时期的思想政治教育工作中发挥了重要作用。学生会组织中的绝大多数成员热心为同学服务，积极投身组织和学校工作中，具有强烈的奉献精神。但是近年来，学生会的运行和管理也出现了一些问题，使得学生会在高校中没能充分发挥自身优势，没能发挥好表率作用、引导作用和辅导作用。

1. 学生会自身定位不够明确

学生会开展活动，应当是为大学生思想政治教育服务的，但是在开展工作时，对自身的定位出现了一定的偏差。一些学生会工作对教师的依赖性太强，工作过多依赖教师的指导，在活动时没有自己的主见，缺少自己的想法，工作缺乏自主性和创新性。学生会成员缺乏持久的工作热情，经常是刚刚加入学生会时积极主动，到后期消极怠惰。一些学生会干部“官僚化”倾向严重，热衷在学生会中追求高职位，费尽心机想成为学生“官”，而忽视了全心全意为同学服务。开展活动缺乏目的性，有时只是希望通过大量的活动来吸引学生的注意力，活动只停留于表面的形式，没有充分挖掘深层次的思想内涵，没有实现形式与内容的统一。有时是为了活动而活动，没有切实和大学生思想政治教育工作结合起来，对校园文化提升作用不大，从而不能

很好地服务大学生思想政治教育工作。

2. 学生会制度不够规范

学生会工作能否有效开展，与其制度是否完善、是否规范密切相关。实际上，很多学校学生会没能形成良好的运行体制，学生会的管理体制、考评机制、激励机制很不健全，导致学生会工作在运行时与现实脱节，思想政治教育工作的效率不高。具体来讲，存在以下问题：学生的思想灵活多变，学生会的管理部门不能及时适应新情况，解决出现的新问题。学生会干事管理松散，学生会干部对干事的约束力不足。出现问题不能和辅导员有效沟通，得不到辅导员的支持和理解。学校和院系两级学生会联系不够紧密，在许多高校，双方经常是平行关系的组织，校学生会对院系学生会的影响力有限。学校学生工作的相关规定，不能通过学生会两级系统及时有效地传达。学生会的工作缺乏有效的监督考核机制，学生会成员数量增加迅速，使得一些部门的职能和功能出现了弱化的现象，在年终考核、评优上难以做到科学、有效、公平、公正。基层工作分配不合理，基层干事工作分配不均衡，使得有的干事工作压力大，有的干事整天无所事事，从而不利于基层干事积极性的发挥。缺乏相应的激励机制，没有专门对学生会成员进行考核的固定机构，主管教师过于重视工作结果，对学生干部在工作中出现的失误过重于批评，对失误原因的分析和指导相对较少。高校的一些奖学金专为学生干部设立，覆盖面较小，不能激励更多的学生。这些制度上问题，致使学生会在学生心中的印象越来越差，从而不能很好地实现对大学生思想政治教育的职能。

3. 学生会干部缺乏主动性和自我管理能力

学生会干部大多是学生中的骨干，通过层层选拔进入到学生会的领导岗位。但是有些学生会干部的表现不佳，致使学生会的形象受到影响。很多学生干部的工作主动性较低，不能独立地开展工作，许多人加入学生会干部队伍的目的就是希望挂个名，有的是把学生会当作一种荣誉，希望成为以后评奖学金和找工作时的资本。一个学生会组织中如果有几个持这样心态的学生会干部，就会导致学生会的风气不正。学生会干部应当有较强的自我管理能力，在同学中能够起到模范带头作用，但是一些学生会干部自我放纵，学习态度不端正，自我管理能力较差，不但没能起到表率作用，反而为学生会组织抹黑。学生会干部作为一个优秀团体，应当是集合学生中的佼佼者，这样才能代表同学的利益，更好地开展思想政治教育工作。如果他们不能表现出良好的风貌，不能发挥积极作用，无疑会对思想政治教育工作产生负面影响，不利于大学生的成长成才。

4. 学生会成员自我意识过于强烈

新时期，大学生大多是在计划生育政策下成长起来的独生子女。他们在家大多受到家长的溺爱，娇生惯养，缺乏吃苦锻炼的机会，缺少独立生活的经验，缺少与人沟通的技能，习惯以自我为中心。受这些因素的影响，许多学生加入学生会后，也存在着太过自我、独来独往、我行我素、不善忍让的情况，致使他们中的许多人不能正确处理好人际关系。对待工作情绪化明显，高兴了就去做，不高兴了就不做，不利于思想政治教育工作的有效开展。

5. 教师对学生会工作的认识不到位

在高校中，指导学生会工作的多为行政部门的教师，他们大多能认识到学生会在大学生思想政治教育工作中发挥的积极作用，鼓励更多优秀学生加入到学生会队伍中。但是，在教学上的教师并非都能认识到学生会在大学生思想政治教育中的重要作用，认为学生参加太多的学生会活动是浪费时间，不如把时间用在课内知识学习和课题任务上。尤其是一些理工学科教师，往往会安排许多课外任务，使大学生忙于应付各种作业、考试，没有太多精力投入到学生会的工作中，即便有些学生对学生会工作有兴趣，也只能是望而却步。同时，一些思想政治课程教师也没能充分认识学生会在大学生思想政治教育工作中起到的辅助作用，只注重课堂理论知识的讲解，没能与现阶段学生会的活动进行很好的衔接，忽视了学生会所能发挥的作用，没能形成思想政治教育的合力。

三、学生会在大学生思想政治教育中存在问题的原因分析

学生会是加强和改进大学生思想政治教育的重要依靠力量，理应在大学生思想政治教育上发挥桥梁和纽带作用。与历史相比，学生会在学生中的影响力在下降，许多学生对学生会存在很深的误解。一些普通学生把学生会看作官僚机构，学生会干部之间大搞“校园政治”，扭曲了学生干部的定位——具有学生身份的特殊的领导者、教育者和管理者，具有领导者、教育

者和管理者身份的特殊的学生。致使一些优秀的学生不愿加入到学生会队伍中，普通学生对学生会嗤之以鼻，学生会在学生中的地位较低，无法发挥好大学生思想政治教育的功能。出现问题的原因是多方面的，需要从人为因素和社会因素两个角度进行分析。

1. 人为因素

（1）班委与学生会共同管理制度弱化了学生会的影响力

在目前的高校体制中，院系下设各个班级，每个班级有自己的辅导员和班委。每个院系同时还有学生会，一般由分团委书记指导工作。由于院系规模有限，所以班委和学生会干部的人员设置有交叉，同一名学生干部可能同时兼任班委和学生会的职务。这样一来，辅导员和分团委书记的指示、安排都需要通过学生干部来落实，在具体工作中就不免出现政策传达的重复，使学生产生听觉疲劳。由于各自有各自的工作体系，两方面的管理机制会产生碰撞的现象。同样一项活动，有可能个别班级的班委已经举办，学生会又要在整个院系开展。这样一来，学生参与学生会活动的积极性就会大大降低。这种班委和学生会共同管理班级的制度，没能实现很好地协调，对学生会的发展，尤其是学生会思想政治教育工作的开展，都有一定的阻碍作用。

（2）工作体制缺乏连贯性，学生会经验无法有效传承

学生会是由学生组成的，而学生的主要任务是学习，所以不可能长期把时间放在学生工作上。一般来讲，大学一年级的学生参与学生工作最多，这一阶段主要是完成学生会学长、学姐交给的任务；大学二年级参与学生工作的学生相对较少，一般是学生中的一小部分骨干担任学生会的中层；大学三年级参与学生工作的学生更少，只有个别学生仍在学生会组织中留任，一般可以担任学生会主席团的职务；大学四年级学生忙于毕业论文、考研和找工作，基本没有学生再参加学生会组织，参与学生工作。这样一来，大多数学生会成员在组织中的时间是一至两年，造成学生会工作的学生人浮于事，工作经验和工作资料得不到有效的积淀、传承和交接，使得学生会工作不能平稳有序开展。每到新学年开始，学生会干部就要进行一次换血，由于更换人数多、范围广，无法进行良好的培训，学生会干部的整体素质无法在短时间内提升，又要重新在实践中积累经验。这样一来，缺乏有效衔接，学生会的经验、传统不能得到有效传承，每一次换届后，学生会工作成绩的好坏在很

大程度上取决于学生会干部的素质，阻碍了学生会工作水平的提高。

2. 社会因素

（1）人力资源匮乏

改革开放以来，随着我国经济的不断发展，市场经济的逐步确立，社会上出现了越来越多大学生兼职、招工信息，为大学生锻炼自己、改善生活条件提供了机会。与社会兼职相比，校内的学生组织相对封闭，并且大多没有工资酬劳。因此，许多有能力的大学生选择利用课余时间打工、做家教，甚至开展创业活动。与此同时，学生组织的发展日益呈现出多元化的趋势，各类学生组织在学校的扶持下蓬勃发展。可供学生选择的学生组织也有很多，校长助手，团委、社团、行政部门助理等都是学生可以锻炼自己的平台。因此，许多优秀的学生选择在社会上或者校内其他机构锻炼自己，丰富自己的课余生活，这就使得学生会在学生中的影响力逐渐减小，即使再扩大招收规模，但是学生会可供发挥重要作用的人力资源也日益下降，从而影响了学生会开展大学生思想政治教育的实际效果。

（2）财力资源匮乏

目前，学生会的财力资源依靠的是学校的拨款，学生会开展活动的经费需要分管教师的审批。分管教师要根据院系或者学校的经济情况来决定是否批准请求。因此一些活动会因资金匮乏而无法开展。一些地方是由学生干部先行垫付一定的活动经费，等到年终集中报账。还有一些地方通过拉赞助的方式，寻求资助，牵扯了很多精力。因此，学生会活动经费的匮乏，学生筹款能力的有限，也在一定程度上制约了学生会工作的开展。

第四节　加强学生会对大学生思想政治教育工作的对策

一、理顺共青团和学生会的关系

学生会是在党委领导下、团委指导下的学生群众性自治组织。在实际工作中，团委是直接指导学生会的组织，为了实现学生会自我管理、自我服务、自我教育的目的，必须正确处理好共青团与学生会的关系。

1. 共青团要正确把握“指导者”的角色定位

学生会是学生的自治组织，因此学生会的工作归根到底要由学生自己去完成，而不是靠团委代办。团委对学生会的工作是“指导”，而不是“领导”，在实际工作中，要多给学生会可行的帮助、建议，而不是依靠行政权力命令、要求学生会开展工作，以免限制学生会积极性和创造性的发挥，束缚学生会的手脚，降低学生会在学生中的威信，从而不利于思想政治教育工作的开展。

2. 共青团要做好宏观调控和监督检查工作

学生会的学生干部大多资历较浅，许多学生参加学生会也正是出于锻炼自己的目的，理论水平和实践能力都有一定的局限性。在具体工作中，往往只看到自己眼前的工作，难以从整体把握工作的意义、方法、步骤。有时面对一场活动，每名学生会干部分得的只是其中的一部分，有的可能单调，因此很容易对工作产生消极、懒惰的负面情绪，从而不利于工作的开展，也不利于学生会干部的个人成长。共青团干部，尤其是高校团委书记和团支部书记，一般由高校的年轻教师担任，他们大多有学生干部经历，拥有一定的实践经验。因此，团委要加强对学生会的宏观调控，在每一届学生会班子成立之后，要及时指导他们制定好全年工作的计划。加强监督检查，及时发现学生会干部中的不良情绪，从整体把握，教育学生会干部认识到自己工作的重要意义，保证学生会的工作能够有效开展。这个过程，是学生会加强自我认知的过程，也是对大学生进行思想政治教育的重要组成部分。

3. 明确对学生干部的选拔和培养

团学关系包括对学生会干部的选拔和培养、对学生会具体工作的指导以及对学生会组织机构的建设三个方面，其中，对学生会干部的选拔和培养是根本所在。[①] 拥有一支品学兼优、素质精良、搭配合理的学生会干部队伍，学生会在学生中才会更有威信，才能有助于学生会工作的开展，有效完成学生的自治工作，带动校园文化建设，从而对学生进行良好的思想政治教育。

---

① 李莉. 加强对学生会的指导 有效推进高校思想政治教育工作 [J]. 学校党建与思想教育，2005 (2)：76.

相反，如果学生会干部品行不佳、素质不高，学生会成为学生争得荣誉、捞取资本的捷径，学生会在学生中的形象自然会受到影响，学生对学生会的活动产生抵制情绪，自然不利于学生会工作的开展，不利于学生会在大学生思想政治教育工作中发挥应有的作用。因此，把好入门关至关重要，要把团委在学生干部的选拔和培养中的地位明确下来，保证品学兼优、素质过硬、能够得到学生认可的优秀人才能够进入到学生会的干部队伍中。

二、加强学生会干部队伍建设

学生会干部作为学生会的骨干，是学生自治的领导者，也是学生中的学生领袖。学生会干部在强化学生身体素质、心理素质、思想素质、创新精神、实践能力等方面扮演着重要的角色，在学生工作制度化、规范化、多元化中发挥着先锋作用，为高校的稳定发展和青年的成长成才做出了许多积极贡献。科学地培养学生干部，是加强学生会建设、发挥学生会在思想政治教育工作中作用的重要前提。一名优秀学生干部的成长需要从不同方面进行考验，从不同阶段予以培养。

1. 做好学生会干部的选拔和考察工作

学生会干部都是学生中的骨干，他们的一言一行对广大学生都应起到模范带头作用。遴选学生会干部时，就要把那些素质高、作风正、品德优、能力强并且愿意为广大同学服务的学生选拔到学生会干部队伍中，增强学生会的凝聚力和向心力。要做好学生会干部的选拔和考察工作，具体来说要通过以下几点。

（1）明确考查内容

选拔学生会干部时，要从以下几个方面来考察：思想追求进步，思想道德品质高，自愿为组织和同学服务；自觉遵守学校各项规章制度，严于律己，敢于同不良风气和不良行为做斗争；态度端正、扎实、认真，拥有一定的组织领导才能，敢想敢说敢干；关心广大同学，能够及时搜集并反映同学的问题，做好学生与学校之间的桥梁和纽带；能够正确处理好学习和工作之间的关系，保证学习成绩优良。

（2）完善选拔制度

学生会干部的选拔制度是否完善，选拔程序是否公平，关系到选拔工作的成功与否。公开、公平、公正的选拔制度可以让真正有能力的人才愿意竞选，选拔出来的学生会干部能够得到广大学生的认可。因此，制定完备的学生会干部选拔制度至关重要，要在选拔之前向学生公开，接受学生的监督。选拔制度要保证考察内容全面，程序正当。选拔制度一经公开，不能随意更改选拔程序，随意接纳未经程序选拔的学生干部。

2. 做好学生会干部的培养、培训工作

对人的培养，应当是全方位地促进人的全面发展。对学生会干部的培养也是如此。选拔学生会干部之后，只是走完了第一步，学生会干部能否融入学生会组织中切实有效地开展工作，还要做好培养、培训工作。

（1）拓展培养、培训的广度

对学生会干部的培养和培训，不能只局限于具体的业务工作，而要对学生会干部的思想水平、学习生活、业务能力等各方面全方位培养。在思想政治方面，要提高他们的政治理论水平，使他们能够用马克思主义的世界观和方法论思考和解决问题，要培养他们坚定不移的社会主义信念，树立全心全意为人民服务的意识，拥有较高的道德追求。在学习方面，要让他们树立起“学习是学生的第一要务”的观念，同时引导他们走上“学习工作两不误”的轨道，不能因为学生会工作耽误了学习，而且要淡化学生会干部的优越意识，通过具体行动形成同学的榜样，在服务同学中建立自己的威信。在业务能力方面，要培养他们的事业心、责任心，脚踏实地，认真工作，培养他们的团队意识、分享意识，适当给他们挫折教育，让他们不断提高综合素质。

（2）提高培训的针对性

对学生会干部的培养，还需要在广度的前提下具有针对性。对学生会干部进行针对性的培训，一是专业知识、管理方法、管理艺术及典型案例的学习和分析；二是要掌握计算机网络等技术，具备开展网上教育的能力；三是要加强心理知识方面的学习；四是要至少掌握一门外语，特别是要有较强的英语运用能力，能直接从网上阅读外文信息；五是要进行语言表达的训练，善于说理，以增强教育管理能力。[①] 六是培养学生干部的主动意识和创新意识。

---

① 曹健慧. 论加强高校学生会干部队伍的建设［J］. 河北科技师范学院学报，2007（6）：73.

3. 做好学生会干部的考核工作

建立公平、完善的考核体系，以形成健康的内部竞争机制，充分调动学生会干部的工作积极性。做好学生会干部的考核，可以从两个方面入手，一是不定期考核；二是定期考核。不定期考核是在某一项重大活动中，对学生会干部的表现予以考核，在该项活动中起到了重要的作用，师生评价较高的，可以适时予以表彰；对于在重要场合、重大活动中不负责任、玩忽职守，经教育后不予改正，造成不良影响的，也应当通过这种方式及时清除出学生会干部队伍。定期考核可分为中期考核和年终考核两种。考核内容可以分为公开述职、自评、同学互评、日常表现计分等，对学生会干部半个学年或整个学年的表现进行综合评价。将考核结果与干部评优、推优入党相结合，对表现好的学生会干部予以表彰，并提供晋升机会，对考评不合格的学生会干部及时清理。保证学生会干部能上能下，保证学生会干部队伍良好的整体素质和较强的综合实力。

4. 加强学生会干部队伍的整体管理

一名学生会干部优秀并不是组织需要的优秀，学生会干部整体优秀才是组织需要的优秀。只有学生会干部队伍个人素质高，成员间关系融洽、分工合理，个人的力量才能成为队伍的合力，个人的优势才能成为组织的优势，个人的优秀才能成为组织的优势。这就要求加强对学生会干部队伍的整体管理，从而有效开展思想政治教育工作。

首先，要加强思想建设。学生会干部队伍，是学生会对大学生思想政治教育的主力军。学生会干部队伍要有较高的整体政治理论水平。建设好这支队伍，就需要树立整体建设的思想，把解决长远问题与现实问题、局部问题与整体建设结合起来，保持队伍的整体思想观念一致，这样才有助于思想政治教育工作的开展。其次，要加强组织建设。打造一支素质高的学生会干部队伍，需要在把好入口关的前提下，改善队伍结构。注重队伍内成员在性别、年龄、工作能力上的搭配，并且根据学生工作的变化进行合理的调整，使组织结构更加合理、完善。最后，要加强作风建设。学生会干部队伍对整个学校风气有着重要的影响，其一言一行、一举一动都会成为学生的表率和楷模。因此，这支队伍要带头弘扬正气，带头团结同学，恪尽职守、勤勉工作，以身作则、办事公正，严于律己、宽以待人，推动整个校园风气始终积极向上。

三、加强学生会的制度建设

学生会是一个组织，有一套健全的制度，可以让组织的运行更加高效。面对学生会制度的不完善、不健全，需要从以下方面采取措施，使学生会能更加积极地拓展思想政治教育功能的辐射范围，引导广大学生会干部更好地参与到大学生思想政治教育当中。

1. 健全内部管理机制

完善的制度体系，可以要求和约束内部成员，指引正确方向。学生会要发挥好在思想政治教育上的作用，就要健全内部管理机制。

首先，把各类社团纳入学生会的管辖范围内。在高校中，社团的管理有两类，一类是划归团委，另一类是划归学生会。社团多是由学生共同的兴趣组合而成的团体，但往往是有热情缺制度，致使许多社团成立之初风风火火，但经历一段时间之后便难以运行下去。学生会组织内有着较为明确的分工、相对明确的职责分配和激励机制，可以调动起学生的积极性。这样可以有效拓展思想政治教育的辐射范围。

其次，要建立健全学生会干部聘用机制，保证选拔的学生会干部都是品学兼优、代表同学利益、乐于奉献、能够得到同学认可的学生；建立健全成员考核机制，用科学的考核指标对学生会成员日常的工作进行评价，及时发现并解决工作中出现的问题，保证工作的顺利进行；建立健全日常管理机制，制定例会制度、财务制度、值班制度等日常管理制度，保障学生会的各项工作都有规可循、有制可依；建立健全奖惩机制，对工作能力突出、受到师生认可的学生会干部要及时表扬，对师生意见大的学生会干部要及时惩戒。这四大机制越完善，学生会的人员职责分工就越明确，就越有助于营造团结向上、团结和睦的氛围，发挥学生会的先进性和代表性作用，更好地开展大学生思想政治教育工作。

2. 注重活动质量的提升

举办学生活动是学生会开展思想政治教育的主要方式，随着科技的发展和社会的进步，学生对学生会组织活动的要求越来越高。一方面，学生会的活动要有新颖的形式，能够满足学生成长的需要，能够让学生有兴趣、有热情参加活动。另一方面，活动还要贯穿思想政治教育的思想，具有教育意义。这就要求在活动的策划、组织、实施、总结、评价的各个环节，都要全面、细致，把好活动的质量关。

四、加强教师对学生会的有效指导

学生会是学生自我管理的组织，但学生会的成员都是学生，缺乏做事经验、人生经历和社会阅历。如果没有教师的指导，就会走很多的弯路，有时甚至可能会出现许多问题，影响学生的成长。因此，要加强教师对学生会的有效指导，确保教师的指导适度、到位，使得教师的指导更加符合学生的需求，更加符合对大学生思想政治教育的要求。

1. 把握指导学生会工作的度和时机

在现实情况中，教师对学生会工作指导的“度”往往很难把握。教师指导工作过多、过细，学生会干部会认为老师对自己不信任，会打击学生的工作积极性。教师如果指导过少或者指导不到位，资源无法有效整合，学生会的活动有可能走很多弯路，甚至无法正常开展。因此，教师对学生会工作的指导要把握一个度，不可过细，也不可过松。让学生有充分的空间，发挥自主性开展工作，同时对学生会工作中出现或可能出现的问题，要及时提供帮助和提醒。在可控的范围内，允许学生出错，让学生在过程中发现自身存在的问题，此时教师给予指导，保证指导的最佳时机和最佳效果。

2. 关心学生会干部

学生会干部是组织中的骨干，在平时的生活中对普通学生起着模范带头作用，对发挥学生会的正能量有着重要作用。与此同时，学生会干部还面对着许多压力。除了要完成学习任务之外，还要占用自己的课余时间完成学生会的工作，有些重要岗位上的工作内容繁重、工作强度大，一些学生干部承担着学习、工作两方面的压力，很容易产生负面情绪。同时，由于生活在学生中的重要位置，同学、老师、家长、社会对他们的期望较高，一些任务没有达到预期的效果或者工作上的失误，很容易引起误解、议论和批评。教师要主动关心学生干部，及时发现学生干部思想上的困难，帮助其分析问题，然后用科学、正确的方法引导学生会干部进行自我调整。

3. 引导学生会活动与大学生思想政治教育总体思路结合

学生会的思想政治教育工作，是大学生思想政治教育工作的一部分。学生的视野和工作经验有限，有时很难将自己的工作放在思想政治教育工作的合适位置上，因此，需要教师进行积极的引导，使学生会的活动与大学生思想政治教育工作相结合。首先，要引导正确的方向，学生会开展各项工作要围绕大学生的身心健康、思想提升、成长成才等方面，保证活动的计划和实施都具有针对性，使每个细节的工作都落到实处。其次，要引导学生会干部在学生中起到良好的带头作用和表率作用，成为大学生学习、参加活动的风向标，切实为大学生思想政治教育服务。

五、增强互动交流，借鉴有益经验

各高校学生会的产生模式、组织模式、运作模式与学校自身的历史发展、文化环境、学生素质、管理水平有着直接联系。学生会模式各有不同，但有些学生组织、学生活动的规律是相通的。因此，学生会组织要加强与国内外学生组织的交流，汲取国内外的有益经验，提升学生会的工作水平。通过对比分析学生会发展模式，找到与本校实际相结合的发展道路，更好地服务于大学生思想政治教育工作。

大学是学生学习科学文化知识的平台，更是学生培养兴趣、展示自我、提高能力的平台。高校学生会从诞生至今经历了九十多年的发展历程，在不同历史时期发挥了不同的作用。在新时期，高校学生会已经成为大学生丰富课外生活、锻炼自己能力的舞台，在大学生思想政治教育工作中发挥了重要作用。学生会既是高校思想政治教育的主体，也是客体，其思想政治教育功能的发挥直接关系到大学生思想政治教育工作的加强和改进。因此，各高校要充分认识学生会在思想政治教育工作中的重要作用，采取积极有效的举措，调动学生会的工作积极性，让更多的优秀学生主动加入到学生会组织中，参与到学生会活动中。应当以学生会组织各种活动为契机，搭建起大学生思想政治教育的广阔平台，为社会输送更多具有政治敏锐性、社会责任感同时又掌握专业知识的高素质人才，为全面建成小康社会、实现中华民族伟大复兴中国梦注入强大动力。

第五章

发挥新媒体的作用

人类进入 21 世纪之后，新媒体的出现使得信息传播变得空前迅速，这一变化适应了现代社会发展的要求，新媒体也已经渗透到政治、经济、文化等社会生活的各个方面。互联网是应用新媒体的技术支撑，中国政府高度重视互联网对推动社会进步的重要意义。2015 年 12 月 16 日，在浙江乌镇举行的世界互联网大会上，中共中央总书记、国家主席习近平在讲话中指出，“中国正处在互联网快速发展的历史进程之中。中国高度重视互联网发展，21 年前接入国际互联网以来，我们按照积极利用、科学发展、依法管理、确保安全的思路，加强信息基础设施建设，发展网络经济，推进信息惠民。同时，我们依法开展网络空间治理，网络空间日益清朗。目前，中国有 6.7 亿网民、413 万多家网站，网络深度融入经济社会发展、融入人民生活。”①

作为社会主义现代化建设的重要组成部分，高校思想政治教育工作者也应当适应时代发展的变化，符合新媒体时代下的新要求，深刻认识新媒体的相关情况，引导大学生尽快地融入新媒体时代的社会环境中，提高思想政治教育的实用价值，更加有效地做好思想政治教育工作。

---

① http://news.xinhuanet.com/video/2015-12/16/c_1117481089.htm.

第一节 新媒体时代与大学生思想政治教育

一、新媒体的概念

要研究“新媒体时代与大学生思想政治教育”的话题，首先要了解“新媒体”的概念。“媒体”一词出现于19世纪末20世纪初，来源于拉丁语中的medium，可以理解为媒介或者传播信息的平台。“媒体”主要有两层含义：一是存储信息的实体，如书刊、磁盘、录像带、光盘等媒质；二是传递信息的载体，如文字、图像、声音、数字等。但对于如何界定“新媒体”，学术界一直众说纷纭，至今仍无定论。

“新媒体”的概念，最早由美国哥伦比亚广播电视网技术研究所所长戈尔德马克于1967年提出。他认为，新媒体区别于传统媒体，是利用数字和网络技术、移动技术，通过互联网无线通信网、卫星等方式和手机、数字电视、电脑等终端，向用户提供信息、娱乐服务的传播形态和媒体形态。联合国教科文组织曾经将新媒体简单定义为“网络媒体”，认为是以数字技术为基础，以网络为载体的传播媒介。随着新媒体的不断发展，人们对新媒体的研究和认识也在不断深化。美国《连线》杂志认为，新媒体是“所有人面对所有人的传播”①。清华大学熊澄宇教授认为，新媒体是建立在计算机信息处理技术和互联网基础之上，发挥传播功能的媒介总和。② 上海交通大学蒋宏教授从内涵和外延两个方面，对新媒体进行定义，他认为：“就其内涵而言，新媒体是指20世纪后期在世界科学技术发生巨大进步的背景下，在社会信息传播领域出现的建立在数字技术基础上的能使传播信息大大扩展、传播速度大大加快、传播方式大大丰富、与传统媒体迥然相异的新型媒体。就

---

① 方兴东，胡泳．媒体变革的经济学与社会学——论博客与新媒体的逻辑［J］．现代传播，2003（6）：80-85．

② 熊澄宇，廖毅文．新媒体——伊拉克战争中的达摩克利斯之剑［J］．中国记者，2003（5）．

其外延而言，新媒体主要包括光纤电缆通信网、都市型双向传播有限电视网、图文电视、电子计算机通信网、大型电脑数据通信系统、通信卫星和卫星直播电视系统、高清晰度电视、互联网、手机短信和多媒体信息的互动平台、多媒体技术以及利用数字技术播放的广播网等。”① 中国传媒大学宫承波教授认为，广义上的“新媒体”是利用数字技术、网络技术和移动通信技术，通过互联网、宽带局域网、无线通信网和卫星等渠道，以电视、电脑和手机为主要输出终端，向用户提供视频、音频、语音数据服务、连线游戏、远程教育等集成信息和娱乐服务的所有新的传播手段或传播形式的总称。狭义上的“新媒体”则专指“新兴媒体”。② 阚宝奎认为，新媒体不仅仅是新技术的罗列，更是建立在网络技术之上的广泛传播信息的一个平台③。

概念是客观事物的本质属性在人们大脑中的反映，总和国内外对“新媒体”的概念的定义，可以看出这是一个逐步发展和延伸的过程。从“网络”，到“新技术”，再到“平台”的概念，说明研究者对“新媒体”的研究视野变得越来越开阔，对“新媒体”概念的认识也越来越深化，越来越揭示事物的本质。不管如何变化，我们总能看出“新”媒体是与“旧”媒体相对而言的一个时间性概念。虽然很难给它下一个很严格的定义，但是在每一个时间段内都能找到一个相对稳定的内涵。

二、新媒体的特点

从上文可以看出，对新媒体的定义是一个动态的过程。实际上，伴随着时代的发展、科技的进步，新媒体在不断适应新时代的要求，同社会主流相结合，促进了自身的不断发展和创新。在这一过程中，新媒体也形成了许多新的特点。

1. 即时性

传统媒体在传播过程中，从信息的发布到反馈需要一个较长的周期，而

---

① 蒋宏，徐剑，等. 新媒体导论［M］. 上海：上海交通大学出版社，2006：16.

② 宫承波. 新媒体概论［M］. 3版，北京：中国广播电视出版社，2011：3-4.

③ 阚宝奎. 借助新媒体技术促进大学生思想政治教育的思考［J］. 科技信息，2009（15）：94-96.

且信息传播受到一定的制约，都是定期、定点发布的。新媒体则不存在这个问题，新媒体的信息传播过程便捷、迅速、灵活，覆盖全球的无线网络，使人们可以在任何时间、任何地方接收和发布信息，传播的信息具有很强的时效性，这是传统媒体所无法达到的。用户可以随时通过手机、手提电脑收到信息。即便是手机或者手提电脑处于关机状态，开机后仍能收到有关信息，而且这些信息可以不限时间，反复观看，大大提高了信息的即时效率，这是传统媒体所无法达到的。

2. 交互性

交互性是新媒体区别于传统媒体最突出的优势之一。传统媒体主要是单向传播，主要在特定的时间里由信息的发布者向信息的接收者传递信息，接收者在信息传播过程中只是被动接受，信息交流不具有流通性。新媒体则是双向传播，具有很强的参与性和互动性，具有人际传播和大众传播的双重功能。在信息传播过程中，个人是信息的加工者、传播者，还可以是反馈者。人们通过微博、微信等通信工具，将自己接收到的信息加工处理，在处理工程中，必然会自觉不自觉地注入个人的感情因素，并通过自己的语言表述出来，把信息传播出去。还能根据别人的反馈，及时调整自己的言行。这个过程体现了交互性，是广播、报纸、电视等传统媒体所不具有的特性。

3. 个性化

传统媒体制作、出版、播放的传播形式，是一种“点对面”的传播，新媒体则为人们提供了“点对点”的服务，根据不同受众的需求提供个性化的服务。因此，新媒体信息的制作、加工和传播，都体现了浓厚的个性化色彩。人们可以通过互发短信问候祝福，可以发微博表达自己的观点，可以发微信朋友圈与朋友分享自己的生活片段，可以在贴吧论坛里畅所欲言。这些短平快的个性化特点，适应了社会发展的要求，迎合了年轻一代个性张扬、追求时髦、不拘形式的需要，成为年轻人最主要、最普遍、最流行的交流方式。新媒体这种个性化的特点，是传统媒体无法企及的。

4. 广泛性

新媒体是大众化的传播方式，具有很明显的广泛性。任何使用它的用户，都可以轻易地实现信息传播的功能，使其达到了其他传播媒介难以企及的高度。如果用户要了解某个名人的情况，只要输入名字在网上查找，该人物的籍贯、学历、年龄、职业，甚至兴趣爱好、绯闻八卦等信息都会显示出来。至于新闻报道中的专有名词，也可以通过超链接的形式查询到相应的含义，这个链接打开的有可能就是全新的其他信息。因此，从这个角度来说，新媒体的广度、深度、发散度都远远超过了传统媒体，具有极大的广泛性。

5. 开放性

传统媒体中，人们以接受者的身份接收来自广播、电视、报纸等媒体的信息。新媒体显示出了极大的开放性，使得人们可以自由地表达自己的观点，信息主体的话语主导权被转移，信息发布的权威性格局被打破。新媒体最大地突出了平民的力量，使平民的诉求拥有更多的表达机会，能让更多的人倾听普通大众的声音。人们可以通过新媒体自由地发表见解，在微博、微信上反映自己的呼声，使政府有更多倾听民众声音的机会，让每个人可以从“旁观者”变成“当事人”。它打破了传统的精英文化与大众文化之间的界限，使得高雅文化与低俗文化之间可以自由共处，促进了社会价值的多元化。

6. 碎片化

碎片化的原意是完整的东西破成诸多零块①，这是对当今中国社会传播语境的一个形象的描述。最初，新媒体的出现就是利用了人们的空闲时间，将人们碎片化的时间通过新媒体手段充分利用起来，微博、微信的出现就是如此。人们通过微博、微信往往可以分享大量的信息，但是却没有深刻的理解和记忆，更谈不上说有体系性的逻辑构架。这就使得人们的琐碎时间充分利用起来，通过网络的虚拟空间，人们利用各种软件实现彼此之间的交互和信息的传递，达到超越现实的目的。人们不再生活在现实的物理世界中，而是生存在数字化、符号化的虚拟世界，极大地拓展了生存空间。

三、新媒体时代的概念及其特点

新媒体时代，主要是个人媒体时代。在互联网高速发展的今天，每个人都可以拥有新媒体，利用新媒体的特点进行信息传播。在这样一个大环境

---

① 喻国明. 解读新媒体的几个关键词 [J]. 广告大观（媒介版），2006（5）：12-15.

中，新媒体还在随着时代的发展不断变化。它具有诸多特点。

1. 信息内容的丰富性

在新媒体时代，各种信息通过新媒体得以传播，人们可以通过它获取海量的信息资源。这些信息的内容，按照不同的分类标准有着不同的种类，充分体现出其丰富性。从信息的传播形式上讲，有静态的文字信息、动态的画面信息以及立体的声音信息。从信息的来源途径上讲，有权威正式的官方公告、轻松娱乐的大众分享以及来源不明的虚假广告。从信息的内容上讲，有影视戏剧、学术研究、文艺作品，也有论坛博客、个人言论、微博短评。因此，新媒体时代信息的内容是极其丰富的，这也是新媒体时代的一个显著特征。

2. 信息形式的多样性

在新媒体时代，信息的形式有了极大的拓展。过去，人们以写信、发电报的形式传递信息，现在可以用各种形式的新媒体来传递，使之越来越适合当今时代发展的需要。当前，科技发展迅速，科技产品更新换代的间隔逐渐缩短。手机打破了时空的限制，比电脑更为便捷，广泛被人们使用。通过打电话，人们可以以语音的形式交流；通过短信，人们可以以文字的形式交流。尤其是微信的普及，使人们可以通过手机软件实现文字、语音、图像、视频的即时共享，方便了人与人之间的沟通。通过网络的形式，人们可以开展网上教学、远程监控、电视电话会议，极大地提高了办事效率。新媒体时代，人们可以对信息进行多种方式的传送，传播的形式也越来越多样，也越来越符合人们的要求、越来越适合时代发展的需要。

3. 信息检索的便捷性

随着科学技术的不断发展，网络技术得以大幅度提升，网络信息的存储量和服务器的速度极大提高，使得新媒体时代信息检索的便捷性也在不断提高。过去，如果一个大学生要搜寻某一方面的资料，需要在图书馆的书籍目录中查找相应的编号，效率极低。现在只需要在网站上输入关键词，就可以得到各种各样有关的书籍、文献信息。过去，当人们到一个陌生的环境时，需要带上地图或者通过问路来知道自己所在的位置，并找到自己的路线。现在人们可以打开手机，通过互联网的地图确定自己所在的位置，输入目的地，地图软件就自动为用户规划路线。这是新媒体时代信息检索便捷性的典型体现。

4. 信息价值的多重性

在新媒体时代，海量的信息得以传播，每个人都有表达自己思想的机会。因为信息的受众不一样，所以信息的价值也会有所不同。同样的公告、通知，对普通民众来讲可能没什么直接的关联，但对于企业家或者有商业头脑的人来讲，有时却是实现一笔生意或者发财致富的好机会。同样的一条信息，对一般受众来讲可能没有什么价值，但是对有心人来说，可能会利用这一信息实现出人意料的目的。在接收信息时，由于不同人的价值观不同，因此人们会通过自己的人生经验来理解信息。这样往往会使信息价值具有多重性，这也是信息时代的一个显著特点。

5. 信息来源的隐蔽性

网络是一个虚拟的世界，人们可以以网名、虚拟身份进行交流。有些出于特殊目的的人，不用真实身份发布信息，使得人们无法考证信息的确切出处，这就使得信息时代信息的来源具有隐蔽性。这一特性一方面保护了发布者的隐私，但是也带来了许多社会问题，造成了许多网络诈骗、造谣诽谤的事件发生。这是新媒体时代带来的负面影响，现有关部门也加大了对网络犯罪的打击力度。

四、新媒体时代下大学生思想政治教育的特征

思想政治教育的基本要素包括思想政治教育的主体（即发动者、承担者和实施者）、客体（包括接受者和受动者）、介体（信息内容或教育方式）和环体（外部环境）。在新媒体时代，高校思想政治教育具有一定的主体性。因此，准确把握新媒体时代高校思想政治教育的特征，对大学生进行正确的引导，有着至关重要的意义。

1. 环境复杂化

新媒体打破了时空的限制，消除了主体的边界，拉近了线上距离。在一定程度上，拉大了人们的现实距离，使得思想政治教育的环境复杂化。网络空间为大学生开创了一个虚拟的世界，如果沉溺其中，就会减少现实生活中与别人的交往，致使人的交往能力下降，容易导致心理信任危机和人格障碍等问题。同时，新媒体在为大学生提供休闲娱乐、逃避现实的活动家园的同

时，也容易形成滋生病态人格和网络犯罪的土壤。新媒体开辟的网络世界，使得以往思想政治强制性教育和社会舆论制约力量的优势逐渐丧失。这就使得思想政治教育的环境变得更为复杂。

2. 主体性特征明显化

在新媒体时代，思想政治教育的主体性得到了充分的体现。一方面，教育者需要发挥主动性，利用新媒体手段，探索出对大学生进行思想政治教育的有效途径。另一方面，大量的信息给了大学生自由选择的机会，大学生可以根据自己的需要选择信息，可以让大学生广泛积极地参与进来，尊重并发挥了受教育者的主动性，使教育更有针对性。新媒体时代，每个人都可以平等地发表自己的意见，传统思想政治中那种教育者对被教育者以思想权威的身份灌输的关系被弱化。思想政治教育中传受双方的平等地位，大大降低了受教育者的排斥情绪和戒备心理，而且拉近了双方的心理距离，使得思想政治教育的内容更容易被大学生接受。而教育者的身份，转变为传播中的“把关人”，将信息进行收集、筛选、传播和监控，从而取得思想政治教育效果。

3. 信息来源立体化

传统的思想政治教育信息来源较为有限，多是理论、方针、政策，来源途径也基本局限于报纸、广播、电视。这些来源的政治性强，信息量有限，内容往往滞后，对大学生的吸引力有限。新媒体时代，不管是教育者还是被教育者，只要拥有一个终端，就可以方便快捷地接收大量的信息，不但能看到政治、经济、文化、社会各方面的信息，还可以及时看到社会各界对某一具体问题的看法，并能发表自己的看法。这种形式跨越了时间和空间，以文字、图像、声音、视频等多种形式，使大学生获得思想政治教育的信息更加立体，更有效果。

4. 手段多样化

新媒体使思想政治教育的手段变得多样化。传统的思想政治教育，学生必须在固定的场所里接受教育，但是随着新媒体的普及，教育手段也趋于现代化。通过组织学生集中观看公开课、纪录片、电影，通过网络课堂发布课件、讨论问题、提交作业，使得教育的手段更加多样，更容易被学生接受。思想政治教育手段的多样化，还减轻了施教者的工作负担，提高了施教者的工作效率。以往通过课堂进行思想政治教育，教师需要花费大量的精力去查找纸质资料，并撰写厚厚的讲稿，教育效果有限。通过新媒体的形式，教师可以在网上查找各种有用的信息，制作成课件，通过多媒体放映，给学生多感官的刺激，使学生有更直观的感受，让教学变得更加有趣，更容易被学生接受和喜爱。

5. 效果的经济化

通过新媒体，社会各界对某一方面的问题，可以实现资料共享，避免了人力、物力的浪费，使资源得到合理的配置。网络也更加方便、快捷，使学校可以随时与学生家长联系，学生家长也可以随时通过网络了解孩子在学校的表现，相关教育部门和社会舆论也可以监督高校思想政治教育的效果，这样就形成了学校、家庭、社会的合力，使得思想政治教育的效果更加经济化。

综上所述，新媒体时代的到来，使得大学生思想政治教育呈现出了新的特征。高校的思想政治教育工作只有与新媒体进行有机融合，才能获得新媒体环境中的价值性根基，实现高校思想政治教育理念、方法、内容、体制等全方位的创新，凝聚更多的社会资源，提高思想政治教育的吸引力、感染力，增强思想政治教育工作的针对性、实效性。

五、新媒体时代下大学生思想政治教育工作的要求

1. 思想政治教育工作者要拓宽创新思维

新媒体时代下大学生思想政治教育的特征，对高校思想政治教育工作的思维方式提出了新的要求。能否适应这一要求，将直接影响思想政治教育工作在新时期转型的成败。高校思想政治教育工作者要解放思想，拓宽思维，突破传统思维的束缚。

首先，要突破定势思维的影响。在环境不变的情况下，定势思维能够使人们依靠自己已经掌握的能力迅速解决问题。但是，在环境变化时，定势思维就有可能成为人们采用新手段、新方法的绊脚石，不利于创新思维的养成。长期以来，在高校课堂上，灌输的教育方式占据主导地位，教师把教育的重点放在政治理论、原则的传授上。在新媒体时代，这种传统的教学方式显然不符合实际情况，过于强调教师教什么，却忽视了学生的特点、需要。许多理论性的知识学生通过网络就能检索到，而教师在课堂上还是用了大量

的篇幅去讲授，未能把思想政治教育对象的主体性和客体性有机统一起来，因此限制了教育效果的提升。

其次，要用情感增强大学生的心理认同。高校思想政治教育工作，并不是单单向学生灌输思想政治理论知识，而是要让学生认同、接受并付诸实践。在新媒体时代，大学生的信息来源多种多样，各种价值取向影响着他们自身价值观的形成。将理论知识变得更有说服力，更容易被大学生所接受，人的感情是一个重要的突破点。思想政治教育工作者要切实关心、关注、关爱学生的成长，及时发现他们思想中的困惑，晓之以理、动之以情，消除与学生之间的心理隔阂，缩短与学生之间的心理距离。

在社会复杂变化的今天，要求思想政治教育工作者找准逻辑起点，创新思维，科学地分析新媒体时代大学生的身心特点，采取积极有效的方式，培养学生的兴趣，增强学生的情感认同，以达到良好的思想政治教育效果。

2. 把握正确的导向

在新媒体时代，对大学生进行思想政治教育的主旋律是马克思列宁主义、毛泽东思想、邓小平理论、“三个代表”重要思想、科学发展观、“四个全面”战略布局。在这一新时期，面对新情况、新问题，需要把握好正确的导向。

（1）开放与引导导向

开放，一方面是高校思想政治教育自身的开放，另一方面是高校学生思想政治素养思维发展的开放。思想政治教育需要随着新媒体时代的发展，开拓思想政治教育的新渠道、新途径，积极整合思想政治教育的资源，以开放的心态融入时代的大潮中。同时，作为价值认识的思维，大学生的政治观、价值观、道德观也在随着时代的发展而发展，这就要求学校思想政治教育不能以封闭学生的思想为目的，而是要拓展学生的思维发展，积极引导学生树立正确的世界观、人生观和价值观。引导，就是在网上和网下对学生进行正确的引导，使学生能够正确地使用新媒体，学会筛选不良信息，在各种网络资源中选择对自己身心最有利的信息。发挥情感的作用，培养学生积极、正面、健康的生活方式和思维方式，引导学生全面发展，提高思想政治教育的工作实效。

（2）平等与互动导向

新媒体时代，使得教育者与被教育者拥有了平等对话的平台。平等，可以有效消除教育者与被教育者之间的隔阂甚至对立，能够激发双方的积极性，达到良好的沟通效果。新媒体的出现，满足了大学生对追求平等和尊重的需求，但是也对高校思想政治教育工作的权威性和主导性提出了挑战。这就要求在大学生思想政治教育中，既要尊重学生的主体地位，唤起学生的主体意识，激发学生的能动性、自觉性和创造性，又要关注学生的个性教育，发现学生个体的具体问题，及时交流沟通。在互动交流的过程中，培养学生的主动意识、学习能力、思辨能力，帮助他们实现从他律到自律的转化。

(3) 服务观念导向

在新媒体时代，高校思想政治教育工作者要树立起服务的观念，解决大学生的实际困难，在为大学生服务中使他们受到教育，有针对性地开展工作。新媒体的普及，使得大学生有了宣泄自己情绪的平台，要建立完整的互动体系，发现学生有不良情绪的宣泄，要及时干预，通过教育和引导，使他们树立正确的观念，预防和控制心理问题的产生。根据不同学生的实际特点，有针对性地开展思想政治教育，能真正解决不同学生的不同问题，增强思想政治教育对大学生的吸引力和感染力，使思想政治教育真正收到实效。

在新媒体时代，大学生思想政治教育工作出现了新的特点，因此对高校提出了新的要求。高校思想政治教育工作者要找准着力点，拓宽思想政治教育的创新思维，建立完整的逻辑构架。把握好开放与引导、平等与互动、服务大学生的价值导向，将传统思想政治教育与新媒体有机结合，提高大学生思想政治教育的实效。

第二节 新媒体时代对大学生思想政治教育的影响

新媒体时代的到来，为高校思想政治教育工作带来了许多新情况、新问题。以往思想政治教育的环境变得更为复杂，大学生受到各种价值观念的冲击，这些都给思想政治教育工作带来了严峻的考验。与此同时，信息技术的革命改变了人类的工作和生活，新媒体技术作为高校思想政治教育的一种新形式，为思想政治教育工作的开展带来了新的机遇。面对新媒体时代的机遇与挑战，需要从教育环境、高校大学生、教育工作者这三个角度入手，来探讨新媒体时代对大学生思想政治教育的影响。

一、教育环境

环境对人的成长有着至关重要的作用。在高校大学生思想政治教育中，社会环境、文化环境和技术环境对大学生的影响最为直接和明显。高校的思想政治教育工作能否顺利进行，与这三种环境的优劣密切相关。在新媒体时代，高校思想政治教育的教育环境、文化环境和技术环境正在发生深刻的变化。

1. 社会环境

社会环境有狭义和广义之分。狭义的社会环境是指人类生活的直接环境；广义的社会环境包括整个社会经济文化体系，是人类生存和活动范围内的社会物质和精神条件的总和。社会环境对人的思想的形成和发展具有重要的制约作用。在新媒体时代，大学生思想政治教育的社会环境也发生了深刻的变化。

（1）社会空间的界限被打破

新媒体时代，人们对世界的感知不再依靠单一、单向的信息来源，而是在多渠道的来源中完成。以往“点对面”的封闭式单向传播得以改变，社会环境的界限被打破。人人都可以成为信息的发布者，人们可以随时随地与人对话、交流，舆论显示出越来越强大的力量。传统媒体时代高校思想政治教育者由于垄断信息源而形成的权威地位受到了动摇，学生在社会中获得教育素材的参与性大大提高。与此同时，由于大学生缺乏有效鉴别信息的能力，容易受到虚假信息和不良信息的误导，这也给高校思想政治教育工作带来了一定的挑战。

（2）社会舆论被同化

新媒体技术的普及，导致了信息传播内容的全球化、意识形态的全球化。大学生所能接触到的社会热点问题，尤其是和国际相关的事务，都直接受到舆论的影响，左右他们的观点和判断。大学生的价值取向很容易被舆论同化，这就给思想政治教育工作带来了空前的难度。带来问题的来源有两个方面，一方面，从大学生的角度来说，他们日常生活和学习处处和新媒体相关，会有意无意地受到垄断媒介的舆论控制。另一方面，一些西方发达国家掌握着新媒体的资源技术，并将触角延伸至全球的各个角落，试图使全球的舆论传播摆脱主权国家的限制。以美国为例，新媒体中许多常见名词，如Microsoft操作系统、苹果手机等，都出自美国。美国的互联网霸权已经遍布国际互联网的各个领域、各个角落。在这种情况下，就容易导致社会舆论被同化。

(3) 负面信息呈现扩张趋势

新媒体时代是一个开放的时代。一方面它扩展了大学生获取信息的渠道，使大学生可以方便快捷地获取所需要的信息。另一方面，各种信息鱼龙混杂，对于世界观、人生观、价值观都处于正在形成期的大学生而言，有时难以分辨，这就会造成许多负面影响。研究显示，全球互联网网页中，有81%的网页使用的是英语，其他语种加起来不足20%；国际互联网上访问量最大的100个网站，有94个在美国境内。① 这说明，以美国为首的西方国家已经占据了互联网信息的绝对主导权和控制权，为西方意识形态的渗透提供了有利的条件。这种高技术所与生俱来的渗透性是潜移默化的，是不以人的意志为转移的，这就导致思想政治教育的环境变得更加复杂。

2. 文化环境

文化环境，是指文化群体进行文化创造、文化传播和其他文化活动的背景和条件。文化环境对大学生的影响是潜移默化、深远持久的。在新媒体时代，高校思想政治教育的文化环境也发生了变化。

(1) 网络语言盛行

新媒体的普及和发展，使得网络上出现了一种独特的话语体系。例如，用符号表示表情，运用数字及其谐音表达自己的想法，用字母的缩写表达含义。有些时候这些组合不拘泥于传统的语法，将文字、数字、字母混合在一起，运用了大量口语化的语言，在表达上偏于通俗。如果不熟悉网络语言，思想政治教育工作者就难以与大学生进行交流。

---

① 郑志龙，余丽. 互联网在国际政治中的“非中性”作用 [J]. 政治学研究，2012 (4)：61-70.

（2）文化消费呈现多重性和选择性

文化消费是指用文化产品或服务来满足人们精神需求的一种消费，主要包括教育、文化娱乐、体育健身、旅游观光等方面。[①] 文化消费直接影响人的精神、思想、心理、情感以及人生观和价值观，是人类社会所特有的一种文化现象。在新媒体时代，新媒体扩大了文化消费的范围，出现了媒体消费，使得文化消费呈现多重性和选择性。媒体消费已不单单是一种文化产品的载体，它已经融入了人们的日常生活，成为一种消费习惯或者消费行为。在当今，媒体消费已经成为人们日常生活中一种基本消费。同以往传统的文化消费不同，新媒体消费呈现许多新的特点：受众在选择文化消费对象时，拥有更大的选择权，自主选择性得到了充分的发挥，个性化的特征更加明显。文化消费的互动性增强，信息传递从原来的单向向双向、多向转变。文化消费打破了时空的限制，更加便捷、高效。受众的参与性增强，从之前被动的接受者转变成为主动的参与者。新媒体本身固有的特点，在文化消费上都有所体现，文化消费可以通过新媒体随时发生、随地发生，成为文化消费的新亮点。

（3）高校青年亚文化成为高校文化的一种形态

亚文化，又称集体文化或副文化，指与主文化相对应的那些非主流的、局部的文化现象，指在主文化或综合文化的背景下，属于某一区域或某个集体所特有的观念和生活方式。一种亚文化不仅包含着与主文化相通的价值与观念，也有属于自己的独特的价值与观念。[②] 在高校的文化环境中，青年的亚文化是与高校主流文化相伴而生的。而新媒体则是高校青年亚文化产生的温床。近年来，高校亚文化伴随着新媒体的普及而发展，为大学生发扬个性、宣泄情绪提供了平台，同时也显示出对主流精英文化的偏离和重构。

高校青年亚文化有许多表现形式。网络游戏，英文名称为 Online

---

① http：//baike. baidu. com/link? url = N5KMpN-DuEGREULwvL7RzyWR4_cQdorG4dQYCp—BHrEo7kQJbST0RCtE0vvAgd8CbBvLubV-54lP7RZa532Jq.

② http：//baike. baidu. com/link? url=－aLqkbV_nEcAB1Hd6ZCwcYOTeazuzr9e2C2hRbgYU7z9nBeMJ3lIbkLFNH5fBu8ZYjKQubFuMtgfrHMu6PeM1yXffnghOBWS KxWicFOp-WooCxGgVz7svxOdaL3xMMjSYLHlrTKoXsVsHPd9ykkh687A9JVZwyJm5BR BWMOeA2m.

Game，又称“在线游戏”，简称“网游”，指以互联网为传输媒介，以游戏运营商服务器和用户计算机为处理终端，以游戏客户端软件为信息交互窗口的旨在实现娱乐、休闲、交流和取得虚拟成就的具有可持续性的个体性多人在线游戏。[①] 大学生通过网络游戏，舒缓压力、消除紧张情绪，宣泄在现实生活中的挫败感和失落感。网络音乐，是指通过互联网、移动通信网等各种有线和无线方式传播的音乐作品，其主要特点是形成了数字化的音乐产品制作、传播和消费模式。[②] 网络音乐是大学生亚文化强有力的表达方式，表现了他们对社会现实观点、看法，也寄托了他们对人生的追求和理想。网络恶搞，是在已有资源的基础上再创作，使原有的气氛和格调大变，在对比中增强搞笑程度。借助新媒体手段，恶搞的形式也是多种多样，包括图片、声音、视频等。网络恶搞颠覆经典、反讽社会、张扬个性的特点，已经成为大学生亚文化群体同主流文化群体对抗的一种方式。

在新媒体时代，高校青年亚文化的出现有着必然性。这些种类的亚文化带来了一定的好处，也带来了一定的问题。能否发挥青年亚文化的积极作用，还要看高校思想政治教育工作者如何引导。青年亚文化的出现，充分体现了尊重文化自由、平等的表达权利，已经成为青年大学生群体的生活态度和生活方式中一种特有的寄托，打破了传统的社会交往方式，并且极大地丰富了社会交往的内容。因此，如果能实现对青年亚文化的正确引导，对大学生思想政治教育工作的开展是具有积极意义的。

新媒体给大学生思想政治教育的文化环境带来了深刻的变革，出现了新的网络语言形式、文化消费状况和大学生亚文化形态。这些新的变革为思想政治教育工作创造了新的文化环境，了解和掌握这些特点，对青年大学生进行积极的引导，是有助于大学生思想政治教育工作开展的。与此同时，新媒体时代的特殊文化环境，对大学生思想政治教育也带来了许多负面影响。

1）大学生思想政治教育的文化辅助出现断层。在传统思想政治教育过

---

① http：//baike. baidu. com/link? url = mERmsidyk1rf7xH _6Njq _mzgUAc62Y1YOtOSag4Pz1o39-hviEUwC _Dau6FDmyofAV6pfO6UBQm8694ksszInSQuExFVPG9i8npTjgedRbe.

② http：//baike. baidu. com/view/1607067. htm.

程中，都是由主流文化、精英文化对高校思想政治教育进行辅助，使得思想政治教育工作得以有效延续。但是，随着新媒体时代的到来，高校的文化环境已经出现了重大的变化。网络语言、青年亚文化的出现，使得大学生思想政治教育的文化辅助出现了断层。应当说，在新时期，主流文化、精英文化对大学生思想政治教育的辅助工作仍旧是必要的，需要做的是更好地与新媒体时代的发展相适应。在新媒体技术日益成熟的今天，如果开展思想政治教育工作缺少了与之相伴的文化辅助，那么教育就变成了说教，失去了对大学生的吸引力，影响思想政治教育的效果。

2）大学生思想政治教育工作者的权威性弱化。按照传统的知识传承习惯，学生接受教育的来源主要是家庭和学校，成长中所获取的知识和信息，是通过家长和老师的教授而来。在这种传统下，父母和教师的权威性是不可动摇的。但是在新媒体时代，文化环境有了很大的调整，教育者与受教育者的地位是平等的。青年大学生富有创新精神，易于接受新鲜事物，他们可以从父母、老师之外获取更多知识和信息。这既是社会文化加速发展、效率提升的表现，但是也是导致教育者与被教育者代际之间道德传递发生阻碍的必然。教育者可以利用新媒体手段，把正确的思想政治观念有机地融合进网络形式中，但是却不能强迫受教育者接受某种思想观点。这就导致了传统思想政治工作中思想政治教育工作者权威性的弱化，从而制约了传统道德文化的整体传承。

3）传统道德标准被娱乐化。新媒体时代，给高校文化环境带来变化，还包括对事物表达方式和认识方式的变化。校园生活中的一切事物都可以被轻松化、娱乐化、调侃化，社会道德也不例外，甚至社会主流传统道德中所倡导的内容也成了大学生调侃的话题。社会道德标准被娱乐化、游戏化，使思想政治教育陷入了还未确立观念就遭到消解的尴尬局面。在这样的背景下，将传统道德、优良传统更好地被大学生所接受，入脑入心，并落实到行动上，是新媒体时代高校思想政治教育急需解决的问题。

3. 技术环境

技术环境，指的是一个国家和地区的技术水平、技术政策、新开品开发能力以及技术发展动向等。技术环境的影响是多方面的，新技术给社会提供了有利的发展机会，对提高人的思想和发展具有一定的支撑作用。在新媒体时代，高校思想政治教育的技术环境发生了深刻的变化，也带来了一些问题。

新媒体给高校思想政治教育的技术环境带来的变化主要集中在三个方面。

（1）信息传播海量化

新媒体时代，新媒体依靠高科技形成了一个覆盖面宽、涉及领域全、信息承载大的新的技术环境，与传统媒体信息量小、信息面窄、途径单一的特点相比，具有了巨大的优势。如今，人们只要掌握了新媒体终端的使用方法，就可以轻松获取大量资源。在海量的信息中，动态更新的信息和储量巨大的数据库，是被视为最具价值的两类信息。登录各大门户网站的新闻界面，就可以及时了解各行各业的最新动态。登录各大数据库，就可以检索出与自己专业、行业相关的研究成果。这就为高校思想政治教育工作者获取教学资源提供了极大的便利。信息传播的海量化，对传统思想政治教育的技术环境彻底颠覆，学生可以依靠自己手中的新媒体终端，随时随地搜寻所需要的信息和知识，极大地提高了思想政治教育的效率。高校思想政治教育工作者利用图像、声音、视频等新媒体手段，可以在最短的时间内将思想政治教育的内容传达给大学生，避免了以往单纯靠语言向大学生灌输思想政治教育内容的方式，从而拓展了思想政治教育的空间。

（2）人际关系虚拟化

在新媒体时代，每个人具备了两种身份，一种是消息源，另一种是受众。在网络的虚拟世界里，人们可以通过网名、代号发布信息，与之交流的对象也可以是由未知的符号代替。这种虚拟化为个人隐私的保护提供了可能，人们可以依靠虚拟化的身份表达自己的内心情感。对大学生思想政治教育工作者来讲，这也是一个很好的教育机会。人际关系的虚拟化，可以让大学生内心的孤独、烦闷、迷茫等情感真实地倾诉，思想政治教育工作者可以通过网聊的形式与之进行真实的交流，解决他们思想中出现的问题。同时，通过在新媒体中发现的大学生群体中普遍存在的问题，还可以制定解决方案，在课堂和活动中组织集中讨论，达到引导、疏通、教育的目的。

（3）教育平台多样化

新媒体技术为思想政治教育工作者提供了全新的平台，带来了极大的便利。大学生思想政治教育改变了以前以课堂教育为主的单一手段，可以通过新媒体技术，将文字、声音、图像、视频融为一体，使得教育平台更加多样，形成更加生动形象的教育新通路，可以使思想政治教育更加生动活泼，更具艺术性和亲和力。应当说，新媒体为大学生思想政治教育提供了最佳的技术环境，使得传统思想政治教育的平台由单一性变为多样化、立体化。增强了思想政治教育工作的生动性和感染力，大大提高了思想政治教育信息的传播速度。

新媒体技术对高校思想政治教育的技术环境带来了许多变化，创造了许多机遇。但与此同时，也带来了一些消极影响。

1）海量化信息的副作用。在信息海量的新媒体时代，大学生每天都可以接收到铺天盖地的信息。这在给他们带来巨大方便的同时，也导致了他们在面对海量信息时的茫然。如何在海量的信息中找到所需要的信息，依靠的是信息检索能力，这种能力可以通过培训得来。但是，在面对海量信息中带有消极、腐朽的观点、思想时，大学生对这些信息的被动接受往往多于主动思考，很容易变得盲从。这样一来，就会影响到大学生世界观、人生观、价值观的建立。这些负面影响将冲抵一部分思想政治理论课上的效果，给思想政治教育工作带来挑战。

2）虚拟化关系的副作用。网络世界人与人关系的虚拟化，使得人的身份成为一串一串的字符。大学生如果沉溺其中，时间久了之后就会造成现实生活中人与人之间关系的微妙变化，使大学生彼此间的关系造成疏离与隔阂。新媒体的发展速度飞快，往往现实中的立法要滞后于新媒体的更新换代。在网络世界中，缺少了现实世界中道德和法律的约束，容易诱惑大学生去尝试在现实世界中不敢付诸的行动。高校中思想政治教育工作的改革较为被动，远远跟不上新媒体的发展步伐，对新媒体下大学生思想政治教育工作的开展缺乏前瞻性的研究和认知。

3）多样化平台的副作用。平台的多样化，导致了网络管理难度的加大。在网络信息量庞大、更新迅速的今天，大学生每天都可以接收各种各样的信息。但是由于平台种类多样，追查信息源头的难度和信息甄别的难度也相应增大。这就给大学生思想政治教育的引导工作带来了极大的挑战，舆论引导的成本和难度增大。

二、高校大学生

新媒体在给大学生思想政治教育的环境带来变化的同时，也对高校大学生的学习、生活、心理和价值观产生了影响。在带来积极作用的同时，也带来了诸多负面影响。

1. 对学习的影响

新媒体技术给大学生的学习造成较大影响。与过去没有新媒体技术相比，大学生可以通过新媒体及时了解和掌握最新的专业知识，这对他们深化书本知识、拓宽知识面有着积极作用。高校教师借助幻灯片演示、网络课堂等形式，让课堂变得更加生动、形象，使得大学生更加容易接受这种形式的教学。这对高校教学模式的改革起到了推动作用。

当然，新媒体也给大学生的学习带来了一定的负面影响。新媒体中的知识和信息大多是零散、碎片化、不成体系的，这就容易导致学生对问题的思考不全面，不得要领。搜索引擎在给学生学习带来极大便利的同时，也给他们滋生惰性提供了可能。在完成学术任务时，一些学生依靠在网络下载的文章来应付，不仅造成自身学习能力下降，也不利于学术功底的培养。由于知识、经验、思维的局限，大学生的辨别能力有限。面对海量的学习资源，他们很容易走向片面，对思维能力的培养和辨别能力的提高都有一定的阻碍作用。过于依赖新媒体的学习，缺乏现实生活中彼此间的交流和接触，对创新能力和综合素质的提升都有不利影响。

2. 对生活的影响

新媒体时代，各种新形式的新兴媒体的出现，给人们的生活带来了巨大的变化，人们在衣食住行的各个领域都可以看到新媒体的身影。以网络购物为例，2014 年中国网络购物市场的数据显示，2014 年中国网络购物市场交易规模达到 2.8 万亿元，并且仍以较高的水平增长。网络商家通过“双十一”等集中的促销活动，激起网民的购物欲望，增加营业额，并且呈现出逐年增长的趋势。以阿里巴巴为例，2009 年第一年“双十一”交易额是 5 200 万元，2010 年增至 9.36 亿元，2011 年达到 52 亿元，2012 年成交 191 亿元，2013 年成交 362 亿元，2014 年成交 571 亿元，2015 年更是再创新高，达到 912 亿元。网络购物确实改变了许多人的生活方式，其中大学生占了很大的比例。大学生通过网络购物、买书、叫外卖、叫出租车的现象十分普遍。与此同时，近年来，各种社交工具，如QQ、人人网、微博、微信、MSN等的广泛应用，也使大学生的交际领域变得更为广阔。

这些新媒体技术的普及，使大学生的生活方式发生了改变。他们会在自己的网络空间、朋友圈分享自己的生活，通过网络和身边的同学联系。在网络世界里，他们善于跟陌生人打交道，表现得多愁善感，兴致勃勃。但是在现实生活中，却沉默寡言，很少与他人进行情感交流。这就导致了许多大学生在网上和网下是“两面人”的现象。长此以往，会导致大学生思维方式的固化，产生逃避现实、讨厌生活、迷失自我的问题。

新媒体的出现，使人与人之间的关系发生了变化。对大学生而言，过去很少有机会遇见的同学、朋友，可以通过网络的形式来联络。这种方式一方面为大学生的交往提供了便利，但是也在不自觉中拉大了他们之间的心理距离。缺少了面对面的沟通，使得人际情感弱化，人际关系冷漠，最终出现隔阂。

3. 对心理的影响

新媒体的发展，对大学生的心理产生了许多影响。在丰富他们的内心世界、促进身心健康上，起到了一定的积极作用。

（1）有利于大学生自身内涵的形成

大学生思维活跃，易于接受新鲜事物，面对新媒体，他们拥有更多的主动意识去探索和使用。新媒体自身拥有海量的信息资源，向大学生展示了一个全新的世界，为他们个性的自由发挥提供了平台。多媒体满足了大学生对新事物的好奇心，激发了大学生的求知欲，发挥了大学生的想象力，使他们的思维得到拓展和训练，促进自身潜力的开发。

（2）有利于促进大学生的心理健康

大学生处在性格形成的关键时期。由于年轻气盛，有些时候易于产生负面情绪，这些负面情绪如果不能及时转移、倾诉和宣泄，将不利于大学生的身心健康。新媒体为大学生情感的宣泄提供了机会和平台，他们可以在网络世界中宣泄自己的不良情绪，达到自己治疗的效果。这有利于他们从精神紧张的状态中解脱出来，有益于他们的身心健康。

（3）有利于大学生视野的开阔

新媒体时代，信息传播的全球化使大学生可以轻松获取全球第一手资讯。大学生是未来世界的精英，是将来世界的领导者。在经济全球化的今天，拥有全球化的视野，对大学生的成长成才至关重要。如今，全球性视野已经不再是少数精英的专利，大学生通过新媒体也可以很好地参与进来，从而有利于自身思维的锻炼和全球视野的形成。

当然，新媒体在给大学生心理带来许多积极影响的同时，也带来了许多消极影响。

1）在海量信息选择时引发心理问题。新媒体传播了海量的信息，在海量信息中选择自己所需的信息，是大学生必须掌握的能力。然而，对于涉世未深、经验不足的大学生来讲，心理长时间沉浸在复杂的信息中，兴奋点容易被海量的信息冲淡，注意力也会被奇异的信息所吸引。随着信息的变化，大学生的心理将会随着信息的漂浮不定而兴奋、迷茫。当心理不稳定时，遇到信息搜寻的任务或者必要时，他们在海量的信息面前就会出现无所适从、手足无措的心理状态。当无法有效地获取有益信息时，他们常常表现出难以抉择、焦虑不安甚至精神疲惫的状态，这是出现心理问题的征兆。

2）网络虚拟环境造成大学生人际交往中的心理问题。随着新媒体的普及，近年来出现了许多大学生心理问题。“网络孤独症”“人际信任危机”等，是大学生中高发的心理疾病。[①] 现在的大学生大多是计划生育政策下的独生子女一代，从小受到了家庭的百般呵护，缺乏与同龄人交流沟通的家庭环境。长此以往，就会形成过于自我、我行我素的性格。进入高校以后，一方面渴望与人交往，渴望被人重视，但是又与老师、同学交流沟通不畅，就导致他们更加倾向于把自己引入封闭的虚拟环境之中，使得现实生活中的人际关系更加恶化。网上和网下生活的异化，造成的心理疾病，不仅影响到大学生之间的正常交往，而且也不利于社会的和谐建设。由于在现实生活中缺乏与他人的情感交流，很容易导致大学生对生活中许多活动无动于衷，这给思想政治教育工作带来了极大的挑战。

3）自由的网络空间导致大学生责任感的缺失。教育是完成个人社会化

---

① 金天讳．新媒体对大学生的影响及其对策研究［J］．《现代物业》（中旬刊）2011（4）．

和社会个性化的过程，处于大学教育阶段的大学生将完成社会化过程，这一过程中能否树立起社会责任感，对他们日后的发展和社会的和谐有着重要意义。新媒体时代的高度开放和互动，给大学生提供了极大的自由空间，他们可以在网络世界里放纵自己，说自己在现实生活中不能说的话，看自己在现实生活中看不到的信息。这就容易导致大学生个人主义倾向的强化。新媒体打破了国家、地域、民族、阶层、性别、年龄、身体的限制，具有很强的隐蔽性，大学生完全可以根据自己的兴趣爱好和他人交往，这种自由性和隐蔽性，容易使一些自制力差的学生放纵自己的行为，淡化自己的社会角色，忽视社会道德，丧失社会责任感。

4. 对价值观的影响

价值观是一个人对周围的客观事物的意义、重要性的总评价和总看法。在新时期，大学生思想政治教育的任务之一，就是弘扬和培育社会主义核心价值观，使大学生树立起富强、民主、文明、和谐，自由、平等、公正、法制，爱国、敬业、诚信、友善的价值观念。新媒体时代，对大学生价值观念的形成有着重要的影响。

新媒体对大学生价值观的形成起到了积极作用。

(1) 培养了大学生的网络民主意识

1995 年，美国学者马克·斯劳卡提出了“网络民主”[①] 一词。实际上，“网络民主”是新媒体时代政治自由化和信息技术普及化的产物，是民主的一种全新形式。在网络世界里，每个人都有平等的话语权，不再受现实世界中地位、等级、种族的约束，人与人之间表达机会趋于平等。“网络民主”不仅有利于畅通政治参与的渠道，而且扩展了民主的监督对象和范围，创造了全新的网络监督模式。[②] 大学生一方面对社会有强烈的参与意识，另一方面对新媒体技术具有先天的探索欲，因此“网络民主”也成为大学生热衷参与的领域。在民主制度建设、反腐、维权等社会热点问题上，大学生通过网络积极参与其中，发表自己的看法，表达自己的诉求。“网络民主”拓宽了

---

① (美) 马克·斯劳卡. 大冲突：赛博空间的高科技对现实的威胁 [M]. 南昌：江西教育出版社，1999：71.

② 高宏星. 网络政治：一种新型的政治参与模式 [J]. 理论导刊，2009 (9).

大学生参与社会民主建设的渠道，对他们民主意识的培养有着重要意义。

（2）增强了大学生的主体意识

在传统媒体时代，人们对各种问题的看法、认识、评论没有可供发表的机会和平台。新媒体时代，则为人们提供了这样的渠道。在开放、自由、虚拟的网络空间里，各种空间、论坛、贴吧应有尽有，每个人都可以找到表达自己个性的平台。对大学生来讲，他们很容易在这个过程中体会到做主人的感觉。他们可以针对自己关心的社会热点问题发表自己的看法，提出自己的建议。通过多媒体，他们获取到了现实生活中不容易得到的参与感和满足感，使得主体意识得到了增强。

（3）强化了大学生的开放意识

新时期，经济全球化的趋势不可阻挡。中国也打开了自己的大门，顺应时代潮流，以开放的姿态面向世界。新媒体为经济全球化提供了许多技术支持，将世界连接成一个整体，缩短了人与人之间的距离。当今的世界，许多问题是相互关联的，例如气候治理问题、反恐问题、难民问题等。解决这些问题，需要地球人树立起全球观念，培养开放意识。大学生群体是最容易接受新观念、新思想的群体，借助新媒体所搭建的平台，可以让大学生更加方便地了解世界文化，交流自己的思想，培养自己的开放意识。这对他们国际视野的养成和未来的成长有着重要意义。

当然，新媒体在给青年大学生的价值观带来许多积极影响的同时，也带来了许多消极影响。

1）价值体系混乱。一个人价值体系的形成，与他的生活环境密切相关。大学生群体生活的环境，包括现实环境和网络环境。在现实环境中，思想政治教育工作者积极引导大学生树立积极、健康、向上的价值观念，建立科学、完整的价值体系。但是，随着新媒体时代的到来，大学生的价值体系受到了冲击，使得价值体系出现混乱。新媒体技术使得各种文化的交流和发展呈现空前的活力，大学生很容易接触到来自世界各地的价值观念，其中不乏西方腐朽的价值观念和社会思潮。一些原本被人们普遍接受的、我国传统的主流价值观受到了冲击和挑战，一些本来被人们广泛接受的价值观开始被质疑，而一些原本不被人们普遍接受的价值观念却在一些地方、一些人群中备受推崇。大学生正处于价值观形成的阶段，社会阅历有限，对社会上各种价值思潮缺乏理性的判断，容易被新鲜、偏激的价值观误导。这样就造成了大学生价值选择的迷惘和价值体系的混乱。

2）道德素质低下。近年来，我国网络犯罪呈现快速增长的势头。从公安机关公布的数据来看，1998 年我国公安机关全年办理的网络犯罪案件仅有 142 起；10 年之后，到 2008 年，猛增至 3.5 万起；又过五年之后的 2013 年，这个数字达到了 14.4 万起。这其中，通过网络传播淫秽色情信息、网络诈骗、黑客攻击类的案件最为集中。在这些案件中，还有一部分是高校大学生所为，反映了他们道德素质的低下。这是新媒体时代思想政治教育工作者不得不考虑的问题。造成大学生道德素质低下甚至引发网络犯罪的原因是什么？一方面是大学生自身道德修养的问题，另一方面是现实生活中大学生思想政治教育工作弱化的问题。新媒体先天具有一定的隐蔽性和虚拟性，在网络环境中，很难对大学生的行为和言论进行一一对应并加以监控，这就使得一些大学生认为自己可以在网络世界里肆意妄为，不用承担任何责任。这就容易让他们在放纵自己的过程中，显露出人性中恶的一面，做出种种不道德甚至违法犯罪的行为。新媒体导致大学生道德素质低下，是思想政治教育工作者亟待解决的一道难题。

3）价值观念自我化。新媒体技术为大学生发展个性提供了平台，使大学生的主体性得到了增强。但是也带来了诸多负面影响。自我价值的放大，使得大学生个人意识极度膨胀，过分追求绝对自由。在现实生活中做事总是从维护自身利益的角度出发，遇到矛盾和冲突不妥协、不让步。在市场经济条件下，追求竞争、物质享受的情况助长了大学生的浮躁心理，导致物质追求与精神追求的失衡。长此以往，大学生群体中关注个人利益、个人得失、追求享乐的人将越来越多，关注集体利益、关心国家大事的人将越来越少，这对大学生职业生涯的成长和社会的发展将产生不利影响。大学生是未来社会的精英群体，如果这些群体的人重个人轻集体、重功利轻道德、重索取轻奉献，则将诱发许多社会问题。

4）民族认同感弱化。新媒体技术使得“地球村”越来越小，缩短了世界各民族人民之间的距离，促进了各民族文化的相互了解和认识。各种文明的接触，必然导致交融或冲突。在互联网的世界中，英语处在垄断地位，成为绝对的“世界语言”。美国文化也在新媒体中处于垄断地位，并向世界各地输出价值。互联网文化的这种不平衡发展，在某种程度上对社会主义核心价值观的培育起到了冲击作用，致使一些大学生思想上出现了迷茫，民族认同感弱化，“地球村”的整体认同感增强。长此以往，个人价值观会发生倾斜，致使一些大学生轻信西方价值观，弱化中华民族的认同感，在某种程度上不利于爱国主义思想的形成。

三、教育工作者

新媒体时代，新媒体对思想政治教育工作者也产生了重要的影响。在为思想政治教育工作带来许多机遇和便利的同时，也带来了许多问题。

1. 对思想政治教育工作者工作的影响

高校思想政治教育工作者是对大学生开展思想政治教育的主体，新媒体为思想政治教育的开展创造了许多有利条件。

（1）搭建了新平台

思想政治教育工作要达到效果，前提是实现教育主体和教育客体间的沟通。在传统思想政治教育中，思想政治教育工作者一般是通过个人谈话、班干部汇报、座谈会等形式来了解大学生思想中出现的问题。这种传统的发现问题的方式有一定的局限性，受到各种客观条件的限制，往往难以知晓学生真实的想法，对思想政治教育工作的开展起到了一定的制约作用。新媒体为大学生思想政治教育拓宽了渠道，思想政治教育工作者可以利用虚拟的网络环境，让大学生敞开心扉，表达自己的喜怒哀乐，从而了解他们的真实想法。通过新媒体的平台，高校思想政治教育工作者也可以及时有效地发现大学生的思想困惑、心理问题，通过积极、健康的思想观念的引导，帮助大学生树立正确的世界观、人生观、价值观，以达到良好的教育效果。

（2）增强了时效性

传统的思想政治教育工作，主要是通过课堂形式展开。课堂是教师“点对面”的工作模式，时间固定，无法满足对所有学生的思想问题及时解决的需求。新媒体具有全天候、全时空、全方位的优势，信息传播速度快，而且时效性强。大学生通过新媒体平台，将自己的所思所想表达出来，对思想政治教育工作者来说，可以在第一时间发现大学生思想上的问题，可以在最短的时间内采取措施，对出现问题的大学生进行思想政治教育，避免事态恶化。与此同时，丰富、便捷的新媒体资源，为思想政治教育获取教育素材提供了极大的便利，使得思想政治教育工作可以打破时间限制，随时随地分享给学生，使思想的传播更加及时、便利，增强了思想政治教育的时效性。

（3）提高了实效性

思想政治教育的实效性，是指实际的功效或实践的效果，思想政治教育预期目标与结果之间的张力关系。[①] 思想政治教育的实效性，对内表现为思想政治教育能够促进大学生个人品质的完善、个人素质的提升，对外表现为提高大学生群体整体的道德素质，从而带动整个社会，营造出良好的社会氛围。这两者相互影响，相互渗透，相辅相成。新媒体时代，新媒体技术为增强高校思想政治教育工作者的工作实效性提供了机遇。新媒体为思想政治教育工作者提供了充足的共享资源，方便他们寻找适合教学的各种素材。新媒体传播快捷，有助于思想政治教育工作者主动迅速地将最新的思想、方针、政策及时传播出去。思想政治教育工作者与大学生在新媒体的主体上具有平等性，这就使他们对话交流更为方便。思想政治教育工作者可以随时随地同大学生交流，打破了过去课堂的限制，将思想政治教育工作的覆盖面延伸到了大学生学习、生活的各个场所，大大提高了思想政治教育工作的实效性。

（4）强化了渗透性

对大学生的教育有不同的形式，可以通过显性、公开的课堂教育，也可以通过隐目的、无计划、间接的课外教育。对于思想政治教育工作而言，两者应当有机结合起来，不能忽视隐性教育的巨大作用，注重思想政治教育工作的渗透性。新媒体具有隐秘性、虚拟性，这就为思想政治教育工作者开展隐性教育提供了可能，他们可以通过新媒体平台，潜移默化地对大学生进行教育，往往这种渗透性的思想政治教育内容更容易被学生所接受，达到思想政治教育的实际效果。

新媒体在为高校思想政治教育工作者搭建新平台，提高思想政治教育工作的时效性和实效性，强化思想政治教育工作的渗透性的同时，也带来了一定的消极影响。

---

① 葛喜平．高校德育过程中实效性低的理性分析与对策研究［J］．学术研究，2004（9）．

1）增大了工作的复杂性。新媒体传播具有“无屏障性”，使得各种鱼龙混杂的信息涌入大学生的视野。大学生大多涉世不深、阅历有限，对网络却有着依赖，如果不能很好地分辨各种网络信息，将会使他们自己迷失，陷入迷茫。这些问题的解决，需要靠思想政治教育工作者的努力，而帮助这些大学生分清是非、走出迷茫，并不是一朝一夕就能完成的，将是一个比较长的过程，这在无形之中加大了思想政治教育工作的复杂性。新媒体传播迅速的特点，也为网络谣言的传播提供了可能。许多未经核实的网络谣言，利用了一些人对现实的不满，网络谣言的传播是造成社会恐慌的不安定因素。大学生出于猎奇心理，很容易自觉或不自觉地成为网络谣言的传播者或传递者，这就增大了校园网络控制的难度。新媒体传播方式的隐蔽性，也为大学生在网络上宣泄不满、攻击社会、攻击他人提供了机会，许多大学生因此成为网络愤青，发表不负责任的言论，对社会发泄自己的不满，对他人发泄自己的不满，也为滋生变态人格和网络犯罪的土壤提供了可能。这在无形之中加大了思想政治教育工作者工作的复杂性。

2）加大了工作创新的难度。新媒体时代，科技发展迅速，高科技产品更新换代很快，高校思想政治教育工作者要将新媒体技术应用到教学当中，就需要不断地改进工作方法，提高工作创新力度。高校思想政治教育工作者大多熟练于传统的教学方法，对新媒体的使用存在滞后，难免会出现对新媒体的运行机制不了解、话语表达不适应、运用不熟练等问题，这就制约了他们工作的主导性，工作创新性的发挥也受到一定的限制。在新媒体时代，如何面对高科技的普及和更新，使之能在教学中良好地应用，是摆在高校思想政治教育工作者面前一道亟待解决的难题。

3）加大了工作针对性的难度。网络身份的虚拟性，让大学生可以放心大胆地将自己内心的真实想法表露出来，获得宣泄情感的平台。高校思想政治教育工作者可以通过网络，及时了解大学生的思想脉搏。但是这种匿名表达的方式，无法锁定具体的对象，无法在现实生活中对该学生开展针对性的指导，这就增大了思想政治教育工作者工作的难度。

4）增大了工作管理的难度。新媒体技术已经融入人们的生活，在人类社会生产、生活中起到越来越重要的作用。与此同时，网络带来的不安全因素也随之产生。个人隐私的泄露、谣言的散布、冒充熟人诈骗等，都对网络安全造成了威胁。大学生在网络世界中不道德行为泛滥，就容易诱发网络犯罪。目前，国家意识到网络犯罪的危险性，也在推动相应的立法工作。但是，立法工作具有滞后性，也不能解决网络道德的问题。加强大学生网络规范秩序，对思想政治教育工作者而言，是一个亟待解决的问题。而新媒体的“无序性”，无疑为思想政治教育的管理增加了难度。

2. 对思想政治教育工作者主导地位的影响

新媒体对高校思想政治教育工作者主导地位的影响，应当从两方面入手看待。既要看到带来的积极影响，也要看到带来的消极影响。新媒体带来的积极影响主要有。

(1) 有利于掌握工作的主导性

从表面上看，传统的思想政治教育环境中，大学生思想政治教育工作者占据了主导地位，实际上，这种环境下的主导地位是有限的。思想政治教育工作者只能通过学生骨干汇报、个人谈话、座谈会等形式了解大学生的思想动态，形式单一，而且受到客观因素的制约，往往很难了解到真实的情况。新媒体为解决这一问题提供了可能，新媒体的交互性为思想政治教育工作者及时了解大学生思想动态提供了可能，可以在萌芽阶段把问题解决，为发挥他们工作的主导性提供了便利。新媒体为思想政治教育工作者带来了丰富的教育素材，经过加工处理，将文字、图像、声音、视频融为一体，能够转化为生动的教学材料，使思想政治教育工作者掌握思想政治教育的主动权。

(2) 有利于增强工作的互动性

在大学生思想政治教育过程中，只有实现主体和客体间的互动交流，才能有助于取得思想政治教育工作的实效。在传统的思想政治教育环境中，教育者与被教育者是不对等的关系，教育者居高临下对教育者进行思想政治教育，两者之间很容易造成心理的隔阂，学生表面上听从了教师的话语，实际上根本没有往心里去，不能实现有效的沟通和交流。新媒体时代，形成了崭新的思想政治教育工作的主客体关系，教育者能够和被教育者以平等的姿态互动交流。这种关系有助于发挥思想政治教育工作者的主导地位，可以在与大学生的平等互动中进行潜移默化的教育，提高思想政治教育的实际效果。

(3) 有利于提高工作效率

传统的思想政治教育方式，依靠课堂教学、座谈会、访谈、讨论、调查等方式，在这种思想政治教育环境中，思想政治教育工作者能发挥一定的主导作用，但是在新媒体迅速发展的今天，这些方式显得效率低下。运用新媒体手段，可以有效改善这一局面，思想政治教育工作者通过新媒体了解国内外新闻，在课堂上可以结合这些热点问题讲解思想政治教育的内容。教育者搜集推荐的资料，也可以通过新媒体迅速传递给大学生，实现学习资源的实时共享。新媒体使得思想政治教育工作者可以在任何时间、任何地点对大学生开展思想政治教育，有利于提高他们的工作效率。

当然，新媒体在促进高校思想政治教育工作者提高工作主导性、增强工作的互动性、实现工作高效性的同时，也对高校思想政治教育工作者发挥主导地位产生了许多消极因素，这些消极因素主要表现在以下方面。

1）权威性受到动摇。高校思想政治教育主导地位的权威性受到一定的冲击，主要有两方面的表现：一方面，在新媒体时代，包括教育者和被教育者在内的所有人都可以在网络上搜寻到海量的信息。因此，面对思想政治教育材料，思想政治教育工作者能够看到，大学生也能看到。有时思想政治教育工作者对新媒体的熟悉程度不高、行政事务繁忙，有些信息可能大学生会先看到。在思想政治教育课堂上，有时教师将要讲的内容，学生在下面已经用手机查到了。在这种情况下，学生在信息的获取中占据一定的主动权，思想政治教育工作者发挥主导地位的权威性受到动摇。另一方面，在纷繁复杂的信息面前，大学生的精力有限，毕竟是有所选择，有所取舍。由于不同大学生在新媒体中获取信息的平台不同、信息检索的能力不同，对信息的思考和理解就会有所不同。传统的思想政治教育环境中，大学生只是被动地接受教师的灌输和安排。新媒体时代，在不同观点的冲击下，大学生会通过选择、对比来决定自己的价值取向，这就使得教育者在大学生思想政治教育工作中的主导地位受到冲击。

2）思想性受到损害。在新媒体时代，思想政治教育工作者面对新媒体分化成两类：一类是因循守旧，继续用传统的思想政治教育方式工作；另一类是在教学中积极适应，将思想政治教育工作的内容和新媒体结合。这两类工作者中，也可能会出现各自的负面影响。有些思想政治教育工作者观念守旧、思想保守，不能很好地适应新媒体时代的要求和特点，授课内容枯燥乏味，授课形式照本宣科，不能被学生很好地接受，更谈不上对学生的心灵有所触动进而达到思想政治教育效果。对于积极应用新媒体的教育工作者，有些是为了迎合大学生的思想观点，在课堂上讲授一些与主流思想不一致的内容，宣扬西方的价值观念，这对青年大学生的成长也是不利的。这两类情况都使得思想政治教育内容的思想性受到损害，不能真正把工作做到心里，不能传递正确的价值观念，使得思想政治教育工作者不能很好地主导思想政治教育的内容，无法很好地体现思想政治教育内容的思想性。

3）有效性受到一定弱化。与传统的思想政治教育模式相比，新媒体时代的思想政治教育有了更多互动的成分，教育者通过新媒体平台了解学生的思想问题。但是这样的互动和沟通是不在场的、是没有面对面的，因此需要长期的坚持、反复的灌输、潜移默化地发挥作用。而传统思想政治教育工作中那种通过面对面的沟通、当面把问题说清楚的方式，已经不能再发挥作用了。这对思想政治教育工作来讲，无疑是一个严峻的挑战。网络虚拟的对象，可以隐藏学生的真实身份，但是也给思想政治教育带来诸多不确定因素。

3．对思想政治教育工作者教育模式的影响

教育模式，是指人们对教育进行有效实践而采取的教育策略的集合体系。在新媒体时代，思想政治教育的教育模式也发生了深刻的变化。

新媒体对高校思想政治教育工作者教育模式带来的积极影响，可以从教育内容、教育方式、教育手段三个层次分析。

（1）教育内容得到扩展

新媒体拓展了高校思想政治教育工作者的教育内容，使得思想政治教育的信息知识储备量、教育覆盖面增大，使得思想政治教育工作者的教育内容更加丰富。新媒体技术提供了海量的存储空间，思想政治教育工作者在对大学生实施思想政治教育时，有了更大的选择余地。在信息全球化的时代，思想政治教育工作者可以获得丰富的教育素材，可以有效改变传统思想政治教育中信息知识储备量小、教育覆盖面窄的不足。新媒体时代，信息更新速度快，思想政治教育工作者可以及时获得第一手的资讯，不断更新思想政治教育的素材，使得自己的教育内容更有时效性，更符合时代要求。新媒体技术条件，使得教育内容可以形象化地呈现，通过声音、图像、视频的结合，增加思想政治教育内容的吸引力，让思想政治教育更容易被大学生所接受，增强实际效果。

（2）教育方式得到更新

新媒体的广泛使用，使得高校思想政治教育工作者的教育方式得到更新。过去局限在学校里、课堂上的封闭的教育方式，已经转变成开放的、多元的教育方式，大学生可以在自己学校接受自己老师的思想政治教育，也可以在网上接受其他媒体的思想政治教育。学习无处不在，教育在潜移默化地发生。传统思想政治教育的灌输式教学，转变成由教师启发诱导的方式。在教师与学生的互动中，教育者在教授，也在受到教育，教育者与被教育者实现了从单向传授向双向互动的转变。这些开放式、启发式、互动式的教育，符合教育规律，大大提高了思想政治教育的实效性。

（3）教育手段得到丰富

新媒体时代，思想政治教育的手段得到极大的更新。在大学生群体中，手机短信、QQ、人人网、MSN、微博、微信、飞信等工具使用广泛。高校思想政治教育工作者也开通相应平台的账号，可以和学生实现即时的沟通，极大地丰富了思想政治教育工作者的教育手段。如今，许多班级开通了QQ群，思想政治教育工作者可以把思想政治教育渗透到班级之中。在大学生群体中，各种类型的微信群也广受欢迎，他们出于相同的爱好、相同的活动，搭建起微信群，有新鲜的思想可以在群里互相讨论，在轻松愉快的微信空间里，思想政治教育工作者可以很好地渗透思想政治教育的内容。这些新的手段，都有助于推动大学生的思想政治教育。

新媒体的广泛使用，为高校思想政治教育工作者的教育模式带来许多便利，有着很大的促进作用。但与此同时，新媒体的普及，对教育模式也带来了一些消极影响。

1）现有的教育模式受到冷遇。新媒体技术创造了崭新的虚拟世界，人们在这个世界中的认知方式也发生了变化，这就使得高校思想政治教育的模式面临着挑战。在网络环境下，人们会不自觉地进行网络化的思维，从而使现行的思想政治教育模式受到排斥。对思想政治教育工作者来说，思想政治教育的环境已经发生了变化，但是教育理念、教育政策、教育目的等方面前瞻性的理论研究和实践积累都还不够，这就难免导致思想政治教育工作的模式受到冷遇。在新媒体技术迅速发展的今天，如何转变这种遇冷局面，是思想政治教育工作者亟待解决的问题。

2）引导功能受到阻碍。在传统媒体时代，社会价值和社会舆论的引导主要是政府起主导作用。如今随着新媒体的崛起，局面开始被打破。新媒体传播的信息量更大，价值更加多元化。大学生每天可以接触到各种各样的信息，这些信息的价值取向也各有不同。这样一来，就容易导致大学生价值观的异变，传统思想政治教育模式中的引导功能被弱化，加大了高校思想政治教育工作的难度。

3）方式方法受到排斥。新媒体的发展，使得传统的思想政治教育方式方法受到排斥。思想政治教育方法，是指进行思想教育时，在马克思主义世界观的指导下，在塑造人们灵魂、丰富人们精神生活和调动人们积极性，实现培养目标的过程中所应用的各种手段、办法和程序的总和。[①] 传统的思想政治教育方法，是教师的课堂教学、言传身教，是一种单向的传播。教师处于主动地位，学生处于被动地位，这种方法目标明确，针对性强，可以及时反馈，有利于大学生接受正面思想，达到预期的目标。但是新媒体出现以后，教育者与被教育者的关系变成了平等互动的关系，原有的单向交流的方式自然受到学生的排斥。这种双向交流的方式虽然受到学生的欢迎，但是思想政治教育工作是隐形的、长期的、潜移默化的过程，不利于实施思想政治教育的既定目标，难以达到理想的效果。

4. 对思想政治教育工作者自身素质的影响

新媒体时代对“人”的影响是最直接、最具体的。对高校思想政治教育工作者来说，对他们自身素质的影响也是很明显的。当然，这个影响也是正反两方面的。

新媒体对高校思想政治教育工作者自身素质的积极影响，可以从拓宽视野、树立观念、素质提升三个角度分析。

（1）拓宽思想政治教育工作者的视野

在经济全球化的今天，世界已经连接成为一个整体。新媒体技术的发展，推动了全球一体化的进程。对高校思想政治教育工作者而言，新媒体弱化了课堂内外的界限、校园内外的界限、国与国之间的界限，极大地拓宽了

① 陈小建. 思想政治教育方法的选择［J］. 思想教育研究，1997（2）.

视野。新媒体为思想政治教育工作者提供了获取信息的平台，使得他们可以放眼全球，及时了解国外的信息，树立国际意识，站在一个较高的位置上，把握大学生思想政治教育工作的主动权。

（2）促进思想政治教育工作者现代观念的树立

观念可以决定一个人乃至一个民族的成败。人的观念是随着时代的发展不断变化的。在当今时代，科技发展迅速，人们的观念也在不断更新。新媒体下高校思想政治教育工作者的现代观念应当包括时空观念、科学观念、平等观念、效率观念、素质观念等。新媒体技术打破了时间和空间的限制，创造出了虚拟世界，人们在这个世界中传播各种信息，有利于高校思想政治教育工作者时空观念的形成。面对新技术给人类社会带来的新变革，信息运动加快，加深了事物之间的联系，为人们更好地探索事物规律提供了方便，有利于高校思想政治教育工作者科学观念的形成。在网络世界中，人与人之间的身份、地位、阶层的界限被打破，以平等的主体交流，有利于高校思想政治教育工作者平等观念的形成。新媒体时代，信息更新速度迅速，人与人之间信息交换的效率提高，有利于高校思想政治教育工作者效率观念的形成。新媒体为思想政治教育工作者提供了与外界接触的机会，在这个过程中他们可以发现自身知识体系和能力上的不足，可以采取措施，弥补差距，有利于高校思想政治教育工作者素质观念的形成。

（3）促进思想政治教育工作者综合素质的提升

新媒体不仅给高校思想政治教育工作者的工作带来极大的便利，也对他们的业务水平提出了新的要求。面对新媒体时代的新要求，高校思想政治教育工作者需要不断加强学习，以适应新形势的变化。在这个过程中，他们有机会熟悉最新的新媒体手段的使用方法，了解最新、最热门的动态变化，完善自己的知识储备。利用多媒体所提供的信息，转化成授课素材的过程，也是高校思想政治教育工作者自身学习、消化的过程。利用新媒体手段，使思想政治教育内容更加生动、有趣，更容易被大学生所接受，这是思想政治教育工作者提高表达能力的过程。这些能力的提升，使得思想政治教育工作者的综合素质更能符合大学生学习、生活的实际，保证思想政治教育工作取得良好的效果。

新媒体在给高校思想政治教育工作者的自身素质带来诸多有利因素的同时，也带来了一些消极影响。虽然这些消极影响发生在少部分群体中，但也应当引起人们的重视。

1）理想信念淡化。高校思想政治教育工作者在使用新媒体的过程中，不可避免地会接触到诸多意识形态领域的信息。新媒体作为一种快捷传播的方式，已经成为意识形态的传播工具和斗争阵地。对于一些年轻、思想政治素质薄弱的思想政治教育工作者来说，长期接触这一方面的信息，难免会受到网络上西方国家意识形态的种种影响。西方国家所宣扬的政治观、民主观、思维方式，对个别思想政治教育工作者影响较大。这就使他们在课堂上或盲目或不自觉地宣扬西方发达国家的价值观念。虽然传播这种思想的教育工作者不多，但是对于涉世不深、价值观正在形成阶段的大学生而言，容易产生错误的判断，不利于他们树立正确的世界观、人生观、价值观。

2）业务能力不足。做好思想政治教育工作，尤其是新媒体时代的思想政治教育工作，对思想教育工作者的业务能力提出了更高的要求。然而，高校中思想政治教育工作者的学科背景主要集中在政治、哲学、伦理等学科，对网络技术、文化思潮、流行文化、社会新知识的掌握相对薄弱。在新媒体技术普及的今天，要使思想政治教育工作符合时代发展的要求，取得实效，就必须学习并掌握这些技术。面对使用新媒体的压力，一些思想政治教育工作者感到力不从心。尤其是一些老教师，学习新技术比年轻教师的难度更大，容易产生自卑心理，从而不利于大学生思想政治教育工作的开展。

3）整体素质弱化。新媒体时代对思想政治教育工作者提出了更高的要求。在一些地区、部分高校中，思想政治教育工作者整体素质弱化的问题还普遍存在。一些思想政治教育工作者对网络语言的运用能力不足，排斥网络语言。有的对网络语言知之甚少，甚至完全不懂其中的含义。在海量的信息中，难以及时捕捉大学生的思想动态，难以及时开展思想政治教育。对互联网传播规律认识不足，不能及时发现问题、解决问题。面对层次各异的学生，不能动员各种网络力量加强舆论引导。这些问题的产生，对新时期大学生思想政治教育工作都有着不利影响。

第三节　新媒体时代大学生思想政治教育问题的成因分析

新媒体时代，在给大学生思想政治教育带来了许多便利和机遇的同时，也带来了许多消极影响。继续巩固和发挥新媒体给大学生思想政治教育工作带来的积极影响，同时分析原因，找准出现问题的症结所在，才能为提出切实可行的解决策略提供必要的前提。造成新媒体时代大学生思想政治教育问题的原因是多方面的，可以从教育者的观念、话语主动权、内容体系、平台运用、教育模式等方面来分析。

一、新媒体观念转换障碍

新媒体时代，人类信息技术得到迅速发展，这就要求人们更新观念以适应技术变革的要求。在传统的思想政治教育工作体制下，思想政治教育工作者的观念是“教师教、学生学”的单向的教学观念。这种传统的观念在过去信息技术不发达的时代的确发挥过重要的作用，但是在新媒体时代，这样的思想观念显然不能符合时代发展的要求。在互联网技术飞速发展、新媒体应用广泛的时代，一些高校的思想政治教育工作者还没有尽快转变观念，还是习惯于用传统思维和方法对大学生开展思想政治教育。但是由于这些旧有的观念已经不再适合当今大学生的特点，因此往往是下了很大的心血，但是效果甚微。观念转换上的障碍，造成了思想政治教育工作者的工作不能符合时代发展的要求。因此，需要尽快转换观念，建立起新媒体时代的逻辑思维，打通思想政治教育的通道，实现思想政治教育的要求。

二、现有载体运行乏力导致思想政治教育工作者话语主动权弱化

思想政治教育工作的开展，需要有一定的载体，这样才能保证思想政治教育内容的传递。在新媒体时代，传统思想政治教育的载体运行明显乏力，这就导致了许多消极因素的产生。新媒体开放性、共享性的特点，使得教育者和被教育者可以在同一平台上获取相关领域的信息，过去教育者知识上的

主动地位被削弱，权威性和影响力降低。新媒体时代，信息载体的种类多种多样，可供选择的载体面也更宽，传统的以课堂为主导的载体形式已经不能满足思想政治教育的需要。新媒体使得信息传播速度明显加快，大学生每天都能收获到海量的新消息。而传统的思想政治教育内容却是相对固定的，有些内容虽然会因政策的变动而调整，但只能是在下一学年的修订上，明显滞后于社会信息的更新速度。这样一来，大学生往往可以通过网络得知社会热点、政策调整方面的信息，当面对课堂上相对滞后的思想政治教育内容时，难免会有排斥心理。在新媒体时代，过去单向的信息传递过程已经转换成双向的信息传递过程，信息的发布者也可以成为信息的接收者。虚拟空间里，每个主体都是平等的，双方都有平等对话的权利。新媒体在大学生群体中广泛应用，使他们接受并热衷于网络上平等的对话权，对现实中教育者居高临下的教育会产生一定的排斥心理，导致思想政治教育工作者的权威性下降，进而影响到思想政治教育的效果。因此，要求高校思想政治教育工作者根据新时代特点，深入了解新媒体技术，并学会应用新媒体技术，根据该校思想政治教育的实际情况选择合适的载体，优化组合，使思想政治教育更加贴近大学生的生活实际，从而达到良好的思想政治教育效果。

三、新媒体时代下思想政治教育内容体系不完善

新媒体时代下，产生高校思想政治教育工作问题的一个重要原因就是教育内容体系不完善。教育内容体系不完善主要表现在不能与时俱进。教育内容体系的不完善诱发了许多消极因素，因此要注意反思内容体系出现的问题，以便找到合理的解决措施。首先，内容与大学生实际生活相距较远。新媒体时代，各种新兴的媒体手段已经走进大学生的生活，而思想政治教育的内容却没有进行很好的衔接，与现实脱节，背离了大学生的生活实际。其次，强调内容以知识为本，对提高学生综合素质和综合能力的内容相对较少，偏离了对人的全面发展的终极关怀。再次，教育内容强调统一和规范，大学生却喜欢个性和自由，没能抓住思想政治教育对象的层次性，没注意对学生差异性的培养，使得内容体系不能满足当前大学生成长的需要。当然，新媒体时代下，并不是要对传统思想政治教育的内容全盘否定，而是要不断优化内容结构，与时俱进，内容要符合时代特征，使思想政治教育的内容更

为广大学生接受和喜爱。

四、思想政治教育模式未能与新媒体时代的要求相契合

在新媒体迅速发展的今天，传统的思想政治教育模式正在受到冲击。一方面，适应新媒体时代思想政治教育的新模式还没有取代传统模式，传统模式还在持续履行着自己的职责。在这个过程中，还不可避免地受到新媒体的冲击，其影响力在日益缩小，作用在日益锐减。与此同时，新媒体发展迅猛。新媒体传播信息迅速，覆盖面广，对大学生的影响十分明显。各种领域的知识、各种价值观冲击着大学生的大脑，很容易对他们带来思想的混乱，使他们的价值观出现偏差。因此，在这样的背景下，更新思想政治教育模式显得极为迫切。这对高校思想政治教育工作者也提出了要求，学习和利用新媒体技术，集合大学生的年龄特点，探索出适合新媒体时代适合大学生思想政治教育的新模式。

第四节　新媒体时代大学生思想政治教育的现实对策

新媒体时代，思想政治教育工作遇到了前所未有的机遇，同时也面临着空前的挑战。因此，要充分认识大学生思想政治教育工作所面临的新问题，认真分析这些问题背后深层次的原因，结合新媒体时代思想政治教育工作的新特点、新要求，积极应对，提出适应新媒体时代大学生思想政治教育的新对策、新方法，化被动为主动，保证思想政治教育工作与时俱进，不断向前发展。

一、提高大学生思想政治教育工作者的新媒体素养

1. 树立新媒体时代的教育理念

无论高校对新媒体的看法如何，新媒体已经日益影响着大学生思想政治教育的趋势是客观存在的。因此，应当树立新媒体时代的教育理念。如今许多学校已经拥有了自己的官方微博、微信公众号，也可以利用微信群、QQ群、飞信与学生进行实时的沟通，信息的传递可以在短时间内实现。但是，

要真正树立新媒体时代的观念，却需要一个过程，需要经过反复的磨炼。

在新媒体时代，高校要高度重视新媒体背景下的思想政治教育工作，深刻认识新媒体带给思想政治教育工作的机遇和挑战。整合师资力量，加大经费投入，让传统教学模式与新媒体有机结合，将封闭思维转变为开放思维，将静态思维转变为动态思维。争取网上宣传教育的主动权，弘扬社会主旋律，宣传社会主义核心价值观。

观念的树立要有实践的积累。在思想政治教育工作过程中，高校思想政治教育工作者要掌握新媒体技术的使用方法，在实践中体会新媒体传播上的巨大便利，思考如何更好地将新媒体应用到思想政治教育工作当中去。善于发现新媒体的弊端，摸索出解决问题、避免消极影响的实践经验。在这个过程中树立新的教育理念。

在与学生的接触中，积极主动地树立新媒体与思想政治教育工作结合的教育理念。在传统的思想政治教育观念中，教师是知识的权威、思想的灌输者，学生只能被动地接受教师给予的知识，这种交流是单向的、不平等的。在新媒体时代，在网络世界中，教育者和被教育者都是参与的主体，通过与学生的平等对话，思想政治教育工作者可以及时发现学生的真实困惑和问题。因此，教育者应当树立自由、平等、和谐的新理念，这样既不因教育关系而影响彼此的主体地位，也不因思想政治教育工作者的地位而居高临下。这样可以更好地提高大学生的积极性、参与性和主动性。因此，思想政治教育工作者要树立新的教育理念，利用新媒体平台，调动学生积极性，鼓励学生说出最真实的想法，通过真诚、平等的沟通，达成共识，帮助学生解决思想上的问题，提高思想政治教育的实效。

2. 学习新媒体实用知识

除了树立新媒体时代的教育理念外，高校思想政治教育工作者还要学习新媒体的实用知识，提高将新媒体技术应用到思想政治教育中的能力。

首先，召集高校系统内部相关人员，商讨提升新媒体素质的能力。高校系统内部的相关人员，是指在高校内从事思想政治教育课程的教师、各院系辅导员以及高校网络工作的行政人员。课堂教师讲授具体的思想政治教育知识，理论素养强，与学生接触的时间较长，较为了解和熟悉学生的理论水平。各院系辅导员具有丰富的实践经验，在生活中与大学生的接触和交流较多，对大学生的个性特点、兴趣爱好、日常生活了解较多。高校网络工作的行政人员拥有丰富的网络技术能力，熟悉新媒体技术。这三类人员工作的目标，都是为学生的健康成长提供服务，但是他们各自拥有各自的优势和劣势，因此只有加强沟通和协调，才能形成新媒体条件下加强大学生思想政治教育工作的合力。

其次，邀请社会相关领域的专家，为高校思想政治教育工作者进行培训。可以邀请研究机构传媒学的研究人员、新媒体技术研发人员、拥有成功经验的其他高校思想政治教育工作者，到学校对本校的思想政治教育工作者进行培训和指导，及时解决他们的技术困难，提出可行性的建议。

最后，整合校内外资源，丰富思想政治教育工作者的实践经验。理论指导实践，也需要实践的检验。目前，各大高校都有自己的一套校园媒体，包括校园广播、校园电视、校园网、校报等，这些校园媒体可以成为高校思想政治教育工作者的实践平台。学校可以定期组织高校思想政治教育工作者参与到校园媒体节目的制作和传播中，学习新媒体使用技能，体会新媒体传播的优劣，提升自己的媒体素养。与此同时，高校还可以根据自身的实际情况，和校外专业媒体研究机构对接，进行交流学习，制作有自身学校特色的媒介产品，提高理论与实践结合水平。

3．多方参与提高高校思想政治教育工作者的新媒体应用技能

新媒体时代，为更好地提高高校思想政治教育工作者的新媒体应用技能，发挥新媒体技术在大学生思想政治教育方面的巨大优势，还需要动员各界力量，形成合力。

首先，政府部门要发挥立法和政策导向功能。政府要根据高校思想政治教育工作者的实际情况，制定一系列提高他们新媒体应用能力的法规、规章。加强立法，将高校思想政治教育工作者的新媒体应用能力同工作绩效挂钩，提高他们的重视程度。加大对提高高校思想政治教育者新媒体应用技能的财政投入，提供充足的物质保障。

其次，媒介机构要提高对高校大学生的服务意识。媒介机构通过开发新的媒体产品，为人们提供各种新媒体服务。在开发过程中，要多考虑大学生实际情况，开发有大学生特色的新媒体平台，方便高校思想政治教育者的思想引领。与此同时，媒介机构资深制作人可以定期到高校参观高校新媒体的

使用情况，召开座谈会、报告会，为高校思想政治教育工作者讲解新媒体的研发过程、使用技巧，解决他们的实际问题，使他们更好地应用新媒体工具。

最后，发挥社会组织的作用。调动民间力量，加强同社会组织的合作交流，为高校思想政治教育工作者提供学习实践的机会，从而提升他们的理论素养和实践水平。

二、丰富思想政治教育内容

马克思主义具有与时俱进的理论品质，因此，对大学生的思想政治教育也需要与时俱进。在新媒体迅速发展的今天，原有的思想政治教育内容受到了冲击和影响，原有的思想政治教育内容在今天来看有的过于单一、陈旧，已经不能充分满足当代大学生适应社会的需求。因此要丰富大学生思想政治教育的内容。

首先，要增强内容的实效性。要增强思想政治教育内容的实效性，就要加强理论知识同大学生实践的联系。理论联系实际，是马克思主义的基本原则，也是实事求是思想路线的要求。理论联系实际，就是从马克思主义基本原理出发，联系社会实际和国内、国际形势，发现问题，解决问题。大学生思想活跃，渴望自由，追求个性，易于接受新事物。在新媒体迅速发展的背景下，必须从改革开放和社会主义现代化建设的实际出发，必须从学生的实际情况出发，紧扣大学生身心发展的特点，围绕教育目标来创新教育内容，积极引导大学生思想政治建设，开展贴近学生实际的活动。

其次，要注重内容的层次性。思想政治教育的内容应当是一个完整的体系，一般来讲，思想政治教育课程是第一层次，也是思想政治教育的核心内容；与核心内容相关的背景知识、典型案例、述评是第二层次；用于拓宽学生视野的学术成果、讲座报告是第三层次。当然，这些内容的传授，不能只做表面功夫，而是要触动学生的心灵，在价值层面上有所引领，在行动上有所体现。要利用新媒体手段，创新思想政治教育的内容，通过层层深入的方式，将传统的思想政治教育内容与创新的思想政治教育内容有机结合起来，将大学生思想政治教育、大学生特色与新媒体时代的要求结合起来。以不同教育者的背景、爱好、性格为基础，创设不同层次的教育内容，从而更好地发挥教育的功能。

最后，要重视内容的服务性。传统的思想政治教育内容具有较强的说教意味，大学生往往感到枯燥、乏味，从而降低对思想政治教育学习的兴趣。在新媒体时代，传统的教育者与被教育者关系发生动摇，思想政治教育的内容也应该按照这种变化做出相应的调整。思想政治教育更像是一种提升思想政治素质的“服务”，思想政治教育的内容也应当体现服务的内容，让大学生感受到自己在学习、生活、感情方面的问题，是可以坦诚地向思想政治教育工作者去倾诉、去寻求帮助的。这样可以化被动为主动，为大学生搭建表达的平台，让大学生主动接受思想政治教育，并积极寻求帮助，达到良好的教育效果。

三、丰富思想政治教育的载体

邓小平同志曾指出，“我们政治工作的根本任务、根本内容没有变，我们的优良传统也还是那一些。但是，时间不同了，条件不同了，对象不同了，因此解决问题的方法也不同。”[①] 而思想政治教育的载体，是指在思想政治教育的过程中，能够承载和传递与思想政治教育有关的内容或信息，并为思想政治教育主体所运用，促使思想政治教育主客体之间互动的活动形式和物质实体，它包括传统媒体和现代载体两种。[②] 传统媒体是指座谈会、研讨会、谈话等形式，现代媒体是随着现代社会发展而产生的具有时代特色的载体，新媒体则是现代载体的重要组成部分。新媒体时代，思想政治教育工作者应更新观念，丰富思想政治教育的载体，在大学生思想政治教育工作中发挥更大的作用。

1. 建立和完善专题教育网站

当前，许多高校已经建立了有自身特色的思想政治教育专题网站，有目的、有计划、有组织地对大学生开展思想政治教育。但是这些网站在建设过程中良莠不齐，质量有高有低。在建设高校专题教育网站时，应当注意以下几点。

---

① 邓小平. 邓小平文选［M］. 北京：人民出版社，1994：119.

② 张耀灿，等. 现代思想政治教育学［M］. 北京：人民出版社，2006：89-90.

（1）内容上，弘扬社会主义核心价值观

新媒体时代，网络信息鱼目混珠。一些西方国家通过网络传播西方资本主义意识形态，通过掌握的先进网络技术和话语权，对中国进行歪曲报道。这些信息对思想政治理论学习不扎实的学生而言，很容易起到误导作用。因此，要抵制这些不良信息的侵扰，就需要建立自己的专题教育网站，宣传社会主义核心价值观，对大学生进行思想政治教育。在网站建设过程中，要充分认识到思想政治教育主题网站的发展现状、优势和不足。要同思想政治教育理论课相呼应，宣传国家大政方针，宣传党的路线、方针、政策，弘扬社会主义核心价值观，发挥好专题教育网站的思想政治教育功能。

（2）形式上，提高网站吸引力

目前，许多思想政治教育网站点击率不高，在大学生中影响力有限，原因在于缺乏吸引大学生的形式。网站内容只是将材料简单地堆砌，形式枯燥乏味，没有吸引力。针对这一问题，应当将思想政治教育网站确定明确的主题，既要有严肃性和思想性，又要有趣味性。要围绕一个主题去搜集素材，在构建网站的过程中，要与大学生的实际生活结合起来，把思想政治理论知识用生动活泼的网络语言表达出来。同时，要用图片、声音、视频等媒体方式丰富网站的形式，而不是简单地罗列和堆砌。这样可以使网站主题明确，又具有吸引力，成为大学生喜欢登录的网站。

（3）管理上，加强队伍建设

建立和完善思想政治教育专题网站，离不开一支高素质的技术队伍。这不仅要求他们具有较高的思想政治教育理论素养，而且要求他们有熟练的网络、计算机技术，还要熟悉大学生的思想动态以及一定的文字表达能力。这就要求参与网站制作的思想政治教育工作者，不断加强理论学习，及时了解党和国家最新理论动态，提高自己的政治素养。还要不断学习新媒体技术知识，能够运用前沿的技术，将思想政治教育的内容展现出来。同时，还要经常与大学生交流，了解大学生的思想动态，根据大学生的思想实际调整思想政治教育的内容。因此，加强队伍建设，对专题网站设置的意义重大。

2. 发挥校园 BBS 的舆论信息引导作用

高校 BBS 是基于高校校园网，主要面向高校校园，各高校自我建立和管理的 BBS 系统，是一个基于校园网络的学生交流平台。[①] 目前，许多学校有了自己的论坛，这也成为校园内学生获取信息、休闲交友、发表言论的重要平台。高校 BBS 平台拥有其他平台不具备的优势。BBS 对应人群比较固定，即为在校大学生，大学生通过自己的校园账号登录，发表自己的言论。对于访客而言，只能浏览其中的内容，但不能发帖。这就避免了社会上别有用心的人，通过这一平台发布不健康的信息。论坛的内容主要围绕学生的学习、生活展开，比较集中，没有社会论坛上的商业信息，有一定的净化作用。同时，发帖学生的账号和自己的院系、学号是相对应的，这样有助于及时发现思想上出现状况的学生，及时进行思想政治教育。对于高校思想政治教育工作者来说，BBS 是了解大学生思想状况的重要平台。对于言论偏激、网络道德失范的帖子，不能一删了之，而要积极的引导，使其成为思想政治教育的有力平台。

（1）建立红色专题论坛区域，进行正面引导

新媒体具有开放性和包容性，在新媒体平台上，不同的意识形态也会相互交织，各种价值观的人都有机会发表自己的看法。要更好地通过 BBS 对大学生进行思想政治教育，弘扬社会主义核心价值观，就要开辟红色专题论坛区域，进行马克思主义宣传，对学生进行正面引导。要发布一些有思想、有深度的好帖子，既有逻辑严密的理论依据，又有说服力和感染力，帮助学生理清思路，树立正确的认识。在论坛建设过程中，开辟“马克思主义理论著作”的专题区域，深入剖析经典著作，发挥马克思主义经典的时代价值。开辟“中国特色社会主义理论体系”专题区域，鼓励大学生参与讨论，加深对理论的体会和认识。同时，对大学生关心的社会热点问题，如教育问题、就业问题、腐败问题、环境问题等，用权威、正确的观点引导他们的舆论导向，帮助他们用正确的方法去分析和看待这些问题。

（2）通过 BBS，与大学生开展平等交流

BBS 为大学生提供了轻松、自由、平等交流的平台，大学生在这个平台上可以交流情感，表现自我。思想政治教育工作者在 BBS 中同大学生交

---

① 王虹，刘智．新媒体时代高校思想政治教育创新研究［M］．北京：中国社会科学出版社，2012：136.

流时，应当放弃说教式的语气，树立平等的意识，营造轻松、自由的气氛，避免引起学生的抵触情绪，让大学生吐露自己的真实想法。在与学生的交流中，用平和的语气、委婉的表达，让学生在潜移默化中受到教育。

（3）及时发现并处理问题

大学生处于青春期，思想活跃，富有朝气。但是年轻人普遍有爱冲动、做事考虑不周全的问题。BBS是大学生自由表达思想的平台，因此容易发布一些负面帖子。面对这些情况，思想政治教育工作者应正确认识，不能一味删帖，而是要正确引导。在学生的学习、生活中，有时学生遭遇不公平，例如奖学金评定中有不公正因素、某教师教学方法不得当、宿舍条件设施问题等，很容易成为学生关注的焦点，成为舆论的导火索。这些情况下，如果不能有效处理，就容易引发学生与学校、教师的对抗。面对这种问题，要认真核实问题真伪，及时处理问题，并将处理结果第一时间向学生公布。对待论坛中出现的反动、黄色、暴力的内容，要及时删帖，消除不良影响，还要对发帖的学生及时批评教育，使其认识错误，及时改正，达到对大学生思想政治教育的良好效果。

3. 利用微信平台，弘扬主旋律

微信（WeChat）是腾讯公司于2011年1月21日推出的一个为智能终端提供即时通信服务的免费应用程序，支持跨通信运营商、跨操作系统平台通过网络快速发送免费（需消耗少量网络流量）语音短信、视频、图片和文字，同时，也可以使用通过共享流媒体内容的资料和基于位置的社交插件“摇一摇”“漂流瓶”“朋友圈”“公众平台”“语音记事本”等服务插件。①微信一经推出，就得到迅速普及。2013年11月，微信的注册量已超过6亿，成为亚洲地区应用最广的即时通信软件。截至2015年第一季度，微信已经覆盖90%以上的智能手机。微信的广泛应用和迅速普及，使其已经成为人们的一种生活方式。微信集合了人们通信、娱乐、生活服务的需求，也是人们交流思想、沟通情感的重要平台。大学生是微信用户中的重要组成部分，

① http：//baike. baidu. com/link? url＝Y4RYNTdyFzVqAxIDL6fF_wy 5rMmI-I40 IRI-jyljZX8spyhJEErX97vVF7MItheI5afOBo-A4c8w9S5bPDTEGs57zMCEpKvrniJHOI -y0nG # reference - [1] -15145056-wrap.

如今的大学生几乎人人有微信、人人用微信。广大思想政治工作者应当认识到微信在思想政治教育方面的巨大优势，从而利用微信更好地开展大学生思想政治教育工作。

（1）以微信为载体，推送教育内容

思想政治教育是一个以载体为基本渠道，以传播思想政治教育信息为中心的过程。[①] 因此，选取应用广泛、影响力大的媒体开展思想政治教育，可以达到良好的效果。随着微信的普及，许多高校、高校的院系、部门开通了自己的微信公众号，向关注者推送微信消息。但是推送的内容参差不齐，有些效果不尽如人意。广大思想政治教育工作者要充分利用微信公众号这一平台，推送微信思想政治教育内容，以实现对大学生的思想政治教育。要提高推送内容的可读性、思想性，同时也要符合大学生的实际生活，用大学生喜闻乐见的形式，让大学生乐于接受、喜欢阅读。对于有思想深度、形式新颖的文章，思想政治教育工作者也可以分享到朋友圈中，让自己圈中的学生看到。通过这些手段，潜移默化地引领大学生的思想观念，端正大学生的思想态度，使他们树立正确的价值观。

（2）通过微信加强与学生的交流和沟通

教师通过微信与大学生交流，主要有微信聊天和微信朋友圈两种形式。微信是一个私密的交友圈，只有加为好友才能实现对话。学生加老师的微信，说明对这个老师的肯定，有进一步交流学习的欲望。因此，思想政治教育工作者应利用好这一平台，实现对大学生的思想政治教育。微信对话时通过网络虚拟的交流，可以有效避免学生面对老师的紧张情绪，营造较为轻松的对话气氛，有助于学生说出内心的真实想法，敞开心扉、开诚布公地交流。通过文字的表达，可以让教育者和被教育者拥有思考的时间，能够完整地表达自己的意思内容，增强交流的实效性。朋友圈是学生分享自己生活内容、宣泄情感的空间，思想政治教育工作者可以通过朋友圈及时了解学生的日常生活、所思所想。对学生朋友圈的内容，可以通过点“赞”或者发表“评论”的方式进行交流。教师应当经常关注朋友圈中学生的思想状况，及

---

① 张耀灿，郑永廷，吴潜涛，等．现代思想政治教育学［M］．北京．人民出版社，2006：395.

时发现学生在朋友圈中发表的偏激言论、思想困惑，并通过“评论”或者微信对话的方法对其进行正确的引导，把问题消除在萌芽之中。对于个别出现极端思想的学生，要通过网上、网下结合的方式进行正确的引导。在交流过程中，要注意保护学生的隐私，相互尊重，建立起互信的良好氛围，避免学生出现抵触情绪。

（3）建立微信群聊，分享教育资源

微信的群聊功能，大大方便了人们群体即时交流的需求。广大思想政治教育工作者可以利用微信群聊的功能，建立与学生交流的微信群，分享思想政治教育的内容，及时就学生普遍关心的思想问题进行解答，弥补课堂教学由于时间、空间限制带来的不足。同时，广大思想政治教育工作者在工作过程中积累了丰富的经验，也可以通过微信群进行交流合作，互通有无，及时分享自己的工作经验，遇到工作中的棘手问题，与同事们交流对策。

4. 通过微博拓宽思想政治教育的路径

微博，微型博客（MicroBlog）的简称，即一句话博客，是一种通过关注机制分享简短实时信息的广播式社交网络平台。[①] 微博使用的门槛很低，用户只要注册微博账号，即可以发布微博消息。微博的内容不需要很强的语言组织能力，每条微博不能超过140个字。微博具有即时性，用户可以随时发布自己身边发生的事件，并配以声音、图片、视频等。同时，微博又有很强的开放性，任何人都可以成为别人微博的关注者，自己的微博又可以被任何其他人关注。用户发布的信息、转载的内容可以以新鲜事的形式，出现在粉丝的界面上，粉丝可以对其微博内容“转发”“评论”“点赞”。微博的这种特点，使得微博信息会以核爆炸的方式迅速传播。一条微博在互联网上发布，经过众人的分享，很快就会传遍网络。许多突发事件，例如“上海外滩新年踩踏事件”“天津滨海新区爆炸事件”“巴黎恐怖袭击事件”等，都是最早在微博上传播开来的，有些时候微博的传播速度远远超过传统媒体。

大学生思维活跃，易于接受新事物，微博在大学生群体中广泛使用，他们是微博的使用者、拥护者。因此，广大思想政治教育工作者也要利用好微博平台，采取切实可行的方法，对大学生进行思想政治教育。首先，要正确

① http://baike.baidu.com/subview/1567099/11036874.htm.

认识微博。微博传播速度快，用户有很强的自主性。各种社会舆论，很容易对大学生的思想造成影响，因此需要认真对待。其次，要开通微博，利用微博对大学生进行正确的引导。微博的种类可以是学生、院系、部门的官方微博，也可以是教师个人的微博，发挥意见领袖的作用，多发布一些正能量的内容，弘扬社会正气。再次，微博的传播特点，使其为网络谣言的传播提供了土壤，这些很容易对学生产生不良影响。高校思想政治教育工作者要引导学生“不信谣、不传谣”，学会分析、鉴别网络信息，尤其是在社会突发事件中，保持清醒、冷静的头脑，避免学生做出过激的言行。最后，要通过微博及时关注学生的思想状况，发现学生的思想困惑，要及时地引导解决，将问题消灭在萌芽中。

新媒体时代，对大学生思想政治教育的载体有很多。新媒体技术在发展，这些载体也会随着技术的进步更新换代。但不论如何，利用这些载体对大学生进行思想政治教育的原理是相通的。高校思想政治教育工作者要充分认识这些新媒体载体对大学生思想政治教育的重要作用，认真学习和利用，以取得良好的思想政治教育效果。

四、加强新媒体制度建设

新媒体时代，新媒体已经融入人们学习、生活、工作的方方面面，并形成了自己的体系。因此，需要建立一整套完备的新媒体制度，将引导和监督有机结合，发挥好对大学生的思想政治教育。

首先，要建立健全组织队伍建设。高校新媒体制度建设，需要有一支优秀的队伍，才能有效实现对大学生的思想政治教育。应当建立起由校长主导的、由思想政治教育课专职教师以及院系辅导员组成的工作队伍，由学校网络部门提供技术支持，从组织上保障新媒体平台下思想政治教育工作的推行。

其次，要完善学校新媒体管理制度。大学生涉世不深、阅历较浅，很容易被别有用心的人蛊惑和利用，在网络上做出不道德的行为。因此，高校需要加强新媒体使用的规章制度，对大学生的上网行为进行规范，加强对新媒体的监督管理力度。

最后，加强学校监管与社会监管的协作。学校监管的负责人主要是学校网络管理员，主要负责校内网站、论坛的维护和更新，监测校内网络舆情等。社会监管的负责人主要是指公安部门的网络警察，主要负责打击网络犯罪、社会网络舆情监测等。要加强学校网络管理员和网络警察的协作，加强网络舆情的监测，及时发现网络谣言，发布权威、真实信息。要对网络上的色情、暴力、反动言论及时清理，维护网络空间的清洁，为高校大学生提供健康的网络环境。同时，要及时捕捉新媒体平台上大学生的思想动态，发现不良势头及时予以引导和教育，把问题解决在萌芽之中。

新媒体时代的到来，全面推进了社会政治、经济、文化等各领域的纵向发展。新媒体是人类信息革命的重要平台。新媒体的广泛使用，为广大高校思想政治教育工作者带来了机遇，同时也带来许多挑战。新媒体开放性、灵活性、便捷性等特点，使得信息得以高效传播，为大学生思想政治教育提供了广阔的平台，也给传统的思想政治教育提供了全新的视角，大大提高了大学生思想政治教育的实效性。与此同时，新媒体也给大学生思想政治教育带来了严峻的挑战。网上各种价值观的信息，通过新媒体平台冲击着大学生的日常生活。这里面有许多不现实、不健康的信息，大学生阅历较浅、辨别能力弱，很容易被这些不良信息所误导，出现心理问题，做出不道德的行为，甚至走向犯罪的深渊，对世界观、人生观、价值观的养成造成了负面影响。同时，新媒体也使得传统的思想政治教育工作的权威性受到了冲击。这就给新时期的高校思想政治教育工作提出了新的挑战，要采取积极有效的措施，继续发挥新媒体的积极影响，应对新媒体带来的消极影响。

在新媒体时代背景下，扬长避短，正确发挥新媒体在大学生思想政治教育的作用，需要广大思想政治教育工作者以马克思列宁主义、毛泽东思想、邓小平理论、“三个代表”重要思想、科学发展观、“四个全面”战略布局为指导，解放思想，实事求是，充分调动大学生的积极性，对他们进行正确的引导，发挥网络力量，弘扬和培育社会主义核心价值观。要打造一支思想理论素养高、网络业务水平强、熟悉学生特点的高素质的思想政治教育队伍，丰富思想政治教育内容，平衡好思想政治教育内容思想性与趣味性的关系。要拓展思想政治教育的载体，利用专题网站、校园 BBS、微信、微博等平台，与大学生坦诚、平等交流，发现他们的思想问题，并帮助他们解决问题。要建立健全新媒体时代高校思想政治教育制度建设，建立完善的制度体系，保障思想政治教育各项工作有序进行。

2015 年 3 月，李克强总理在政府工作报告中提出“互联网＋”行动计划，“互联网＋”成为各行各业关注的焦点。首届国际教育信息化大会在青岛召开，并通过《青岛宣言》。第二次全国教育信息化工作电视电话会议召开，刘延东副总理在会上总结教育信息化的成绩和经验，部署了“十三五”期间的教育信息化工作。新媒体时代已经到来，“互联网＋教育”的教育信息化发展方式已经成为教育发展的主旋律。机遇与挑战并存，关键看如何应对。高校思想政治教育工作者要认清形势，找准时代脉搏，用马克思主义的先进文化占领网络文化阵地，对青年大学生开展有效的思想政治教育。